"오직 질문을 통해서만 성장한다"

쇼펜하우어

"오직 질문을 통해서만 성장한다"

쇼펜하우어

부자 되는 법이 궁금해?
책봇이 알려줄게!

부자 되는 법이 궁금해?
책봇이 알려줄게!

태지원 지음

어른이 되기 전에 왜 돈 공부를 해야 할까요?
소비·저축·투자까지, 질문으로 배우는 돈의 원리

글담출판

만약 돈에 대해
아무것도 모른 채 어른이 된다면 어떻게 될까요?

'아, 일하기는 싫은데 돈은 많이 벌고 싶다~'
'어떻게 하면 돈을 많이 벌 수 있을까?'

혹시 이런 생각을 해본 적 있나요? 학교와 학원에서 대부분의 시간을 보내는 여러분에게 막연한 바람일지도 모르겠습니다. 하지만 어른들은 농담처럼 돈 때문에 웃고 운다는 이야기를 합니다. 뉴스도 돈과 관련된 이야기로 떠들썩하고, 즐겨 보는 유튜브에서도 돈에 대해서 이야기합니다. 마치 공기처럼 자연스럽게 너도나도 돈에 대해 이야기하지만, 정작 '돈이 뭔지', '어떻게 관리해야 하는지'를 알려 주는 경우는 드뭅니다. 어떤 어른들은 '살아가는 데 돈이 중요하지 않다'고 이야기하기도 합니다. 그 말은 돈에 지나치게 휘둘리지 말아야 한다는 얘기지 '돈을 무시해도 된다'는 얘기는 아닙니다. 최소한의 삶을 누릴 수 있는 돈을 벌고 모을 수 있어야 자립이 가능하니까요.

중요한 건 돈에 대해 알아야 한다는 것입니다. 상상해 보세요. 헤엄치는 법을 모르는 사람이 바다 한가운데에 던져진다면 어떻게 될까요? 아마 허우적대다가 물에 빠지고 말겠지요. 그렇지만 수영하는 법을 안다면 파도를 타며 자유롭게 앞으로 나아갈 것입니다. 돈 역시 마찬가지입니다. 돈의 흐름을 이해하고 관리할 줄 알면, 돈은 우리의 인생을 원하는 방향으로 이끌어가 주는 멋진 파도가 되어 줍니다. 만약 돈에 대해 아무것도 모른 채 어른이 된다면 평생 돈이라는 파도에 휩쓸려 허우적댈 수도 있겠지요.

그래서 이 책에서는 돈에 대해 알아야 할 구체적이고 실질적인 내용을 담고자 했습니다. 이 책을 덮을 때쯤에는 돈을 쓰고,

굴리고, 모으는 실전 투자 감각까지 기를 수 있도록요. 이를 위해 금융 공부가 필요하다는 원론적인 말보다 여러분이 평소에 궁금해했던 돈에 대한 질문을 통해 하나씩 알려 주고자 합니다. '돈은 누가 만든 거지?' '싸고 좋은 물건은 일단 사는 게 이득 아닌가?' '청소년도 투자를 할 수 있을까?'와 같은 질문을 함께 풀어 가며, 여러분이 '돈의 주인'이 되는 방법을 알려 주고자 합니다.

여기서 한 가지 당부하고 싶은 것이 있습니다. 부자는 단순히 '돈이 많은 사람'이 아닙니다. 현명하게 벌고 쓰며, 필요할 땐 나누고, 돈과 관련된 문제에서 자기 삶을 스스로 지켜낼 수 있는 사람을 이야기합니다. 그런 의미에서 이 책은 '단숨에 부자 되는 비밀공식'을 알려 주지는 않습니다. 그보다 근본적인 '돈의 주인이 되어 부자가 되는 방법'을 이야기하려 합니다.

돈의 흐름과 관리 방법을 알아가는 과정은 수학 공식처럼 복잡하지 않습니다. 여러분이 편의점에서 간식이나 게임 아이템을 살 때에도, 중고 거래 앱에 내 옷이나 책을 올리는 순간에도 돈의 원리가 숨어 있습니다. 어른이 되기 전에 이런 순간들에 대해 미리 고민하고, 작은 실천을 시작한다면, 여러분이 바라는 미래에 한 발짝 더 가까워질 수 있을 것입니다.

이 책이 여러분이 돈을 알아가고, 진짜 부자가 되는 길로 나아가는 든든한 첫걸음이 되기를 바랍니다.

태지원

머리말_ 만약 돈에 대해
아무것도 모른 채 어른이 된다면 어떻게 될까요?

1장 ··· 돈이 대체 뭘까?

1

돈이
대체 뭘까 **?**

1. 게임머니도 돈이라고 할 수 있을까?

2. 돈을 컬러 프린트로 복사해서 사용하면 어떤 일이 생길까?

3. 경제가 불안하면 왜 사람들이 금을 사려고 할까?

4. 비트코인과 돈, 똑같은 걸까?

5. 일하지 않고 돈 버는 삶, 가능할까?

6. 부자가 된다는 건 무슨 뜻일까?

게임머니도
돈이라고 할 수 있을까?

게임에서 아이템을 사려면 게임머니가 필요해요. 게임머니는 게임 속 활동으로 획득하기도 하고 현금으로 충전할 수도 있어요. 구매하거나 획득한 아이템이 희귀하다면 되팔아서 현금을 받을 수도 있죠. 친구들끼리 "저 아이템은 진짜 돈보다 비싸."라는 말을 할 정도예요. 이런 게임머니도 진짜 돈처럼 경제적 가치가 있는 건가요? 아니면, 게임 내에서만 통하는 가짜 돈인 건가요?

게임을 하다 보면 자연스럽게 궁금증이 떠오를 수 있어. 일단 게임이 아닌 일상생활의 돈을 떠올려 볼까? 우리가 생활하면서 매일 자연스럽게 사용하는 동전이나 지폐 말이야. 분식점에서 떡볶이를 사 먹을 때나, 서점에서 교재를 살 때 천 원이나 만 원짜리 지폐를 내밀고는 하지.

이제 전 세계에서 돈이 사라지고 모두가 물물교환을 하는 상황을 한번 생각해 볼까? 서점에서 교재를 사려면 몇 킬로그램의 쌀을 드려야 할지 서점 주인아저씨와 이야기를 나눠야 하고, 떡볶이 한 그릇의 가치가 음료수 몇 병과 같은지 일일이 가늠해야 할 거야. 때로는 서로 의견이 일치하지 않아 교환이 이루어지지 않을 수도 있지. 얼마나 번거롭고 불편할지 상상이 되지? 이 모든 상황이 화폐 덕분에 간편하게 해결돼. 화폐는 상품이나 서비스를 사고파는 걸 편리하게 해주는 교환 수단이야.

또한 화폐는 가치를 객관적으로 측정하는 기준 역할도 해. 떡볶이 한 그릇의 가치가 얼마인지, 교재가 어느 정도의 가치인지 천 원짜리나 만 원짜리 지폐를 기준으로 쉽게 비교할 수 있지.

세 번째로, 화폐는 가치를 저장해서 나중에 사용할 수 있게 해 주는 역할도 해. 물물교환 경제에서 사과를 내년까지 100개 먹고 싶어서 한꺼번에 구매한 사람이 있다고 상상해 봐. 그런데 내년까지 보관했다가는 사과가 다 썩어서 사라질 가능성이 높고 저장 공간도 부족해. 차라리 그 돈을 저축해 뒀다가 내년까지 그때그때 구입하는 것이 훨씬 편리하겠지. 물건을 대량으로 미리 구매하지 않아도 화폐만 가지고 있으면 원하는 시점에 원하는 것을 살 수 있어. 이런 면에서 돈에 가치를 저장하는 기능이 있다고 하는 거야. 다만 이때는 시간이 흘러도 화폐 가치가 크게 변동하지 않는 것이 중요해.

네 번째로, 화폐는 의무를 이행하는 지급수단 역할도 해. 예를 들어 친구에게 돈을 빌렸다가 갚을 때를 생각해 봐. 친구가 "라면 열 개로 갚아도 돼."라고 할 수도 있지만, 보통은 빌려준 돈만큼 현금으로 갚는 게 당연하다고 여기지? 또 부모님이 세금을 낼 때도 마찬가지야. 국세청에 가서 "세금 대신 쌀 한 포대 드릴게요."라고 할 수는 없거든. 법적으로 정해진 화폐로만 세금이나 벌금 같은 의무를 이행할 수 있어. **이렇게 돈은 교환, 가치척도, 가치저장, 지급수단이라는 네 가지 기능을 수행할 수 있어야 해.**

게임머니에도 돈의 기능이
모두 들어 있을까?

그렇다면 게임머니는 어떨까? 게임 속 플레이어들은 게임머니로 아이템을 사고팔 수 있고, 게임머니 단위로 아이템의 가치를 측정하고 저장해. 하지만 게임머니는 해당 게임 안에서만 사용할 수 있고 현실 세계의 일반 거래에서는 사용하기 어려워. 게임 플레이, 퀘스트 완료, 아이템 판매 등을 통해 획득할 수는 있지만, 현실의 돈처럼 모든 거래에서 자유롭게 사용할 수는 없어. 다만 최근에는 일부 블록체인 게임에서 NFT(대체 불가능 토큰이란 뜻으로, 각 토큰에 고유번호가 매겨져 있어서 다른 암호화폐로 대체할 수 없다는 특징을 가진다.)나 암호화폐를 활용해 게임머니를 실제 돈으로 환전할 수 있는 경우도 생기고 있어. 또한 스팀 마켓플레이스 Steam Community Market 같은 플랫폼을 통해 게임 아이템을 거래하는 시장도 형성되어 있지.

게다가 우리나라 법원에서 게임머니에 대해 '거래의 대상으로 사용할 수 있으니 경제적 가치를 지닌 재산권'이라고 본 사례가 있기도 해. 하지만 사용처와 용도가 제한되기 때문에 완전한 화폐로 보지는 않았어. 규제 정책도 나라마다 다른데, 중국은 게임머니의 현금 환전을 엄격히 제한하는 반면, 일부 유럽 국가는 상대적으로 관대한 입장을 보이고 있어.

결론적으로 게임머니는 게임 내에서는 화폐의 일부 기능을 수행하지만, 제한적인 사용 범위와 법적 지위 등을 고려할 때 완전한 화폐라고 보기는 어려워. 하지만 기술 발전과 함께 그 경계는 점점 더 모호해지고 있는 것 같아.

돈을 컬러 프린트로 복사해서 사용하면 어떤 일이 생길까?

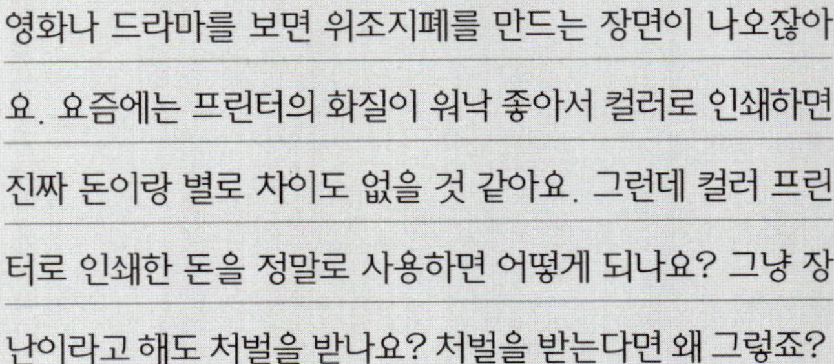

영화나 드라마를 보면 위조지폐를 만드는 장면이 나오잖아요. 요즘에는 프린터의 화질이 워낙 좋아서 컬러로 인쇄하면 진짜 돈이랑 별로 차이도 없을 것 같아요. 그런데 컬러 프린터로 인쇄한 돈을 정말로 사용하면 어떻게 되나요? 그냥 장난이라고 해도 처벌을 받나요? 처벌을 받는다면 왜 그렇죠?

영화를 보다가 궁금증이 생겼나 보구나. 네 말대로 우리가 쓰는 지폐나 동전은 종이 한 장이나 금속에 불과할 수도 있어. 그렇지만 화폐를 유심히 들여다보면 특별한 문구, 그러니까 상단에 쓰인 '한국은행 The Bank of Korea'이라는 글자를 발견할 수 있어. 그 바로 옆에 한국은행 총재 도장이 찍혀 있지? 이 한국은행은 우리나라 중앙은행으로서 화폐를 발행하는 공식 기관이야. 정부와는 독립적으로 운영되고, 우리나라에서 유일하게 화폐를 발행할 권한을 가지고 있단다.

왜 화폐를 만드는 공식 기관이 있는 걸까? 그건 화폐가 제 기능을 하려면 신뢰가 중요하기 때문이야. 만약 누구나 위조지폐를 만들 수 있다면 문구점이나 마트에서 돈을 쉽게 받아 주지 않을 거야. 혹시 모르니 돈을 면밀하게 검사하고 서로 의심하느라 시간을 다 보내고 말겠지. 꼭 위조지폐가 아니더라도 누구나 돈을 마구잡이로 발행할 수 있다면 그 돈의 신뢰성은 떨어질 거야. 신뢰가 없으면 거래를 하기 어려워.

역사 속에서도 이런 사례를 찾을 수 있어. 조선시대의 대표적인 동전인 상평통보가 대량으로 위조된 사건이 있었거든. 진짜와 구별이 어려운 위조동전 때문에 상평통보의 신뢰도가 떨어지고 가치가 절반으로 하락한 일이 벌어진 거야. 이런 일을 방지하고 화폐가 제대로 거래되려면 국가 공인 기관에서 화폐를 발행해야 하고 믿고 써도 된다는 믿음이 밑바탕에 깔려 있어야 해.

이런 이유로 현대 국가는 대부분 정부가 설립한 국가의 은행, 즉 중앙은행에서 화폐를 발행해. 그리고 이렇게 중앙은행에서 발행하고 법률로 그 가치와 사용을 보장하는 돈을 법정 통화法定通貨라고 불러.

중앙은행은 단순히 법정 화폐만 발행하는 게 아니라 통화량 조절이라는 중요한 역할도 한단다. 통화량은 시중에 풀려 나라 전체에 유통되고 있는 돈의 양을 말해. 뒤에서 다시 설명하겠지만 이 통화량을 얼마나 적절하게 조절하느냐에 따라 나라의 경제 상황이 좋아질 수도 있고 나빠질 수도 있기 때문에 중앙은행은 통화량을 세심하게 관리하지.

이제 네 질문에 답을 해볼까? 돈을 컬러 프린트로 복사해서 사용한다면 '화폐는 국가기관에서 발행해야 한다.'는 규칙을 깨는 것과 같아. 중앙은행의 독점적 화폐 발행권을 침해한 거지. 위조지폐를 제조하거나 사용하는 것은 통화위조죄에 해당되어 무기징역이나 2년 이상의 징역이라는 무거운 처벌을 받을 수 있어. 사용하지 않았다고 해도 위조지폐를 만들기만 해도 처벌받을 수 있으니 애초에 그런 시도는 하지 않는 게 좋아. 화폐제도는 화폐에 대한 신뢰를 바탕으로 하기 때문에, 그 믿음을 깨는 행동을 하지 않는 것이 중요한 거야.

경제가 불안하면
왜 사람들이 금을 사려고 할까?

부모님께서 제가 돌 때 받은 금반지 가격이 당시에는 10만 원 대였는데, 지금은 70만 원이 넘는다고 하시더라고요. 물가가 올라서 그럴 수도 있지만, 뉴스를 보니 경제가 불안할 때 사람들이 금을 더 사려고 하고 그래서 금값이 오른다더라고요. 경제가 불안하면 왜 사람들이 금을 더 찾게 되는 걸까요?

반짝이는 금의 가치가 궁금해진 거구나. 금은 오래전부터 사람들이 귀하게 여겨 왔고, 실제로 화폐로도 많이 사용되었어. 옛 동화나 소설에서도 금화가 가장 값진 화폐로 등장하는 걸 자주 볼 수 있지. 일단 어떤 물건이 화폐로 쓰인다면 왜 하필 그 물건이 화폐로 사용된 건지 생각해 볼 필요가 있어.

화폐로 쓰이는 물건은 일단 희소성이 있어야 해. 누구든 흔하게 가질 수 있으면 가치가 떨어질 수 있으니까. 그리고 보관할 때 썩거나 녹거나 변질되면 가치를 저장하기 어렵겠지? **단단하고 쉽게 변하지 않는 내구성을 갖춘 게 좋아.** 또한 작은 크기로도 큰 가치를 담을 수 있어야 하고, 나누어서 사용할 수 있어야 해. 이런 조건을 따져 보면 금만큼 화폐로 적당한 게 없어.

금은 물이나 산소와 화학반응을 쉽게 일으키지 않아서 시간이 지나도 녹슬거나 부식되지 않는 금속이야. 수천 년이 지나도 원래의 광택과 형태를 유지하니 그 자체로 가치저장 기능이 뛰어나지. 더구나 지구상에 존재하는 양이 한정되어 있어서 희소성도 보장돼. 그리고 금은 녹여서 다양한 크기의 동전이나 막대 모양으로 만들 수 있어서 거래하기도 편리하지. 어때, 금이 왜 화폐로 사랑받는지 그 이유를 알겠지?

다른 자산인 기업의 주식과 비교해서 한번 생각해 볼까? 주식은 어떤 회사의 신뢰에 의존해. 만약 A기업이 발행한 주식을 가지고 있어도 그 기업이 파산하면 종잇조각이 되어 버릴 수 있지. 하지만 금은 물리적 실체가 있고, 그 자체로 가치를 지니기 때문에 특정 기관의 보증 없이도 가치를 유지할 수 있어. 그래서 경제가 불안정할 때마다 사람들은 금을 '믿을 만한 자산' 또는 '안전한 피난처'로 여기지.

금이 이렇게 오랫동안 사랑받았기 때문에 예전에는 화폐를 발행하는 기준으로도 작용했어. 19세기와 20세기 초까지 미국이나 영국 같은 나라는 중앙은행 금고에 금을 보유해 두고 그 보유량만큼 돈을 찍어 냈거든. 그리고 개인들도 금을 은행에 맡기고 그 대신 은행권(지폐)을 받아서 사용했어. 사람들이 금화나 골드바를 맡기면 은행이 그에 대한 보관증을 발행해 주기도 했지.

구체적으로 예를 들어보자. 1944년부터 1971년까지 미국에서는 금 1온스(약 31.1그램)당 35달러로 교환 가치가 고정되어 있었어. 즉 미국 정부는 외국 정부가 지폐 35달러를 가져오면 금 1온스로 교환해 주기로 약속한 거야. 당시의 달러는 일종의 금 교환증으로도 볼 수 있었어.

이런 식으로 각 나라의 돈이 금과 연결되어 있으니 각국이 돈의 양을 자의적으로 늘려서 발행할 수가 없었어. 모든 나라가 자기 돈을 금에 맞춰 놓으면 나라 사이에 돈을 교환할 때도 그 비율(환율)이 비교적 안정적으로 유지되니까 나라 간 무역에도 편의성을 제공했지. 무엇보다 돈은 신뢰가 중요하니까, 금이라는 실물자산과 돈을 연결해서 화폐의 신뢰성을 높인 거야. 이렇게 **한 나라의 통화 가치를 일정량의 금과 연결지어 정하는 화폐 제도를 금본위제도** 金本位制度, Gold Standard **라고 불러.**

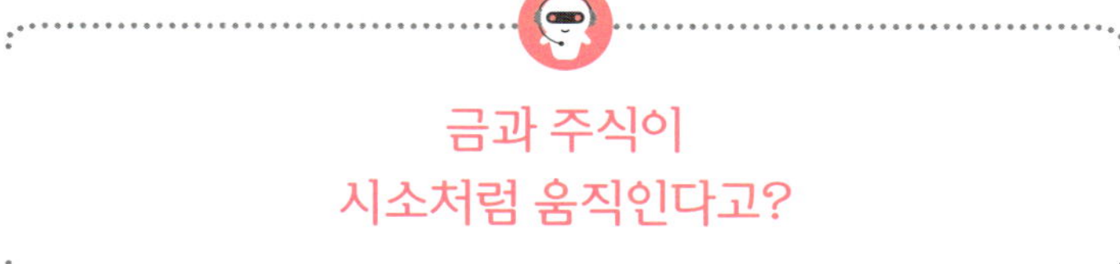

금과 주식이
시소처럼 움직인다고?

그런데 1971년에 커다란 변화가 생겼어. 미국의 리처드 닉슨 Richard Nixon 대통령이 달러와 금의 교환을 공식적으로 중지한다고 발표하면서 지폐와 금의 연결이 끊긴 거야. 세계 경제에 큰 충격을 준 사건이라 이를 '닉슨 쇼크'라고 부르기도 해. 이제 화폐의 가치는 더 이상 금이나 은 같은 실물자산에 의해 보장되지 않아. 정부와 중앙은행이 법적으로 인정하면 그 자체로 가치를 갖는 통화가 되는 거지.

물론 돈과 화폐의 연결 고리가 끊겼다고 해서 금이 그 가치를 잃은 건 아니야. 금은 여전히 '안전자산'으로 인식되고 있어. 그래서 어떤 나라든 경제 불안이 올 때, 우리나라 원화나 달러 같은 화폐의 가치가 떨어질 때는 주식 같은 위험자산에서 자금을 빼내 안전한 자산인 금으로 옮겨 두는 경향이 있지. 왜 경제가 불안할 때 사람들이 금을 사는지 이제 알겠지? 다른 자산보다 금이 더 안전하다고 생각하기 때문이야. 그에 대해 사람들이 금을 많이 사면 당연히 금값이 오르니 이득을 볼 수 있지. 또 주식 가격이 낮거나 달러가 약세일 때도 사람들이 해당 자산보다 금을 더 매력적으로 느껴서 금값이 오르는 경향이 있어. 경제가 성장하고 주식시장이 강세일 때는 금값이 하락하거나 정체되지만, 경기침체기나 주가 하락기에는 금값이 오르는 경우가 많아. 경기와 금값이 마치 시소처럼 반대로 오르내리는 거지.

　이런 사실로 미루어 보면 금값의 변동을 통해서 현재의 경제 상황이 어떤지, 앞으로 어떤 방향으로 흘러갈지 어느 정도 예측할 수도 있겠지. 물론 금값은 다양한 요소에 영향을 받아 그 값이 오르내리니까 금값만으로 경제 상황을 단정짓기는 어려워. 주가나 석유값, 이자율이나 달러 환율 같은 다른 지표와 연결해서 종합적으로 경제를 해석하는 눈이 필요해.

비트코인과 돈, 똑같은 걸까?

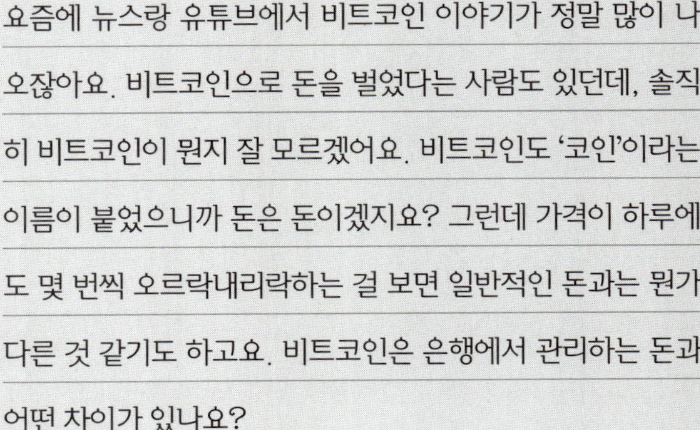

요즘에 뉴스랑 유튜브에서 비트코인 이야기가 정말 많이 나오잖아요. 비트코인으로 돈을 벌었다는 사람도 있던데, 솔직히 비트코인이 뭔지 잘 모르겠어요. 비트코인도 '코인'이라는 이름이 붙었으니까 돈은 돈이겠지요? 그런데 가격이 하루에도 몇 번씩 오르락내리락하는 걸 보면 일반적인 돈과는 뭔가 다른 것 같기도 하고요. 비트코인은 은행에서 관리하는 돈과 어떤 차이가 있나요?

비트코인 이야기가 몇 년 전부터 뉴스에서 화제였지? 비트코인은 눈에 보이거나 손에 잡히지 않는 디지털 돈이야. 디지털 세계에 존재하는 암호화폐라는 존재지.

비트코인은 누군지 밝혀지지 않은 사토시 나카모토 Satoshi Nakamoto 라는 익명의 인물이 2009년 만들어 낸 화폐야. 중앙은행이 발행함으로써 신뢰를 유지하는 기존 화폐와 달리, 사용자 사이의 네트워크로 거래를 검증하고 암호화해서 안정성을 보장하지. 복잡한 수학적 알고리즘으로 거래 정보를 암호화해서 보호하고, 이런 기술적 안전성을 통해 사람들의 신뢰를 얻는 거야. 이 화폐의 안전성은 블록체인 기술 덕분에 유지된단다. 블록체인은 모든 참여자가 함께 공유하고 검증하는, 절대 변조되지 않는 디지털 거래 장부 같은 것이라고 생각하면 돼. 한번 기록된 내용을 네트워크 참가자들이 모두 함께 확인하고, 누구도 자기 멋대로 고칠 수 없어. 모든 거래 기록이 투명하게 공개되어 있으니 그럴 수밖에 없겠지?

비트코인은 완전히 새로운 형식의 화폐이기 때문에 처음에는 거의 가치를 갖지 못했어. 2010년에는 프로그래머였던 라슬로 하니에츠 Laszlo Hanyecz 라는 사람이 피자 두 판(약 25~41달러)을 비트코인 1만 개와 교환했다는 유명한 기록이 있어. 이때의 거래로 비트코인 한 개당 가격을 계산해보면 약 0.0035달러, 한화로 약 4원 수준이었어. 정말 낮은 가치였지? 그런데 현재(2025년 7월) 비트코인 가격은 미국 주요 거래소 기준으로 약 11만~12만 달러, 한국 돈으로 계산하면 1억 5천만 원을 돌파했어. 2010년에 비트코인 한 개당 약 0.0035달러였던 것을 고려하면, 15년 만에 가치가 약 3,300만 배(한화 기준 약 4,000만 배) 오른 셈이지. 그동안 가격이 크게 오르내릴 때도 있었지만, 사실상 비트코인은 놀라운 가치를 기록하며 성장한 거야.

**그렇다면 비트코인도
화폐라고 부를 수 있을까?**

앞서 말했던 돈(화폐)의 기본 기능을 기준으로 비트코인을 살펴보는 게 좋아. 교환, 가치척도, 가치저장, 지급수단이라는 기능을 할 수 있다면 돈으로서의 자격을 갖춘 거야.

교환의 매개체 측면에서 보자면 비트코인은 온라인에서 개인 간에 직접 주고받을 수 있고, 현실에서도 일부 상점이나 온라인 쇼핑몰에서 결제 수단으로 쓰이는 경우가 있어. 디지털 지갑에 보관할 수 있으니 적절한 보안만 유지하면 도난이나 분실 우려도 상대적으로 적지. 그렇지만 아직 원화나 달러처럼 실제 생활에서 널리 쓰이지는 않기 때문에 한계가 있기는 해. 교환 기능을 완벽히 수행한다고 보기는 어려운 거야.

가치저장 측면에서도 쓸모가 있어. 비트코인은 총 발행량이 2,100만 개로 한정되어 있고, 강력한 암호화 기술로 보안이 유지되기 때문에 장기적인 가치저장 수단이 될 수 있지. 앞서 말했듯이 가격이 크게 오르면서 '디지털 금'으로 불릴 만큼 투자자산으로서의 매력도 커졌어.

가치척도 기능으로 보면 어떨까? 일부 암호화폐 거래소나 관련 서비스에서는 비트코인 단위로 가격을 표시하기도 하지만, 여전히 우리가 평소에 쓰는 원화나 달러만큼 보편적인 기준이 되기는 어려워. 해외에서는 테슬라^{Tesla}, 마이크로소프트 ^{Microsoft}, 오버스톡^{Overstock} 같은 회사들이 한때 비트코인 결제를 도입했지만 현재는 많이 중단한 상태야. 그렇다고 현실에서 비트코인이 사용될 가능성이 아예 없는 건 아니야. 국내에서는 비트코인을 직접 결제 수단으로 받는 소규모 매장과 서비스도 조금씩 생기고 있어. 엘살바도르같이 자국 화폐에 대한 신뢰가 낮은 나라에서는 법정화폐로 비트코인을 채택하기도 했고, 아르헨티나, 베네수엘라 등에서는 비트코인을 과도한 물가 상승에 대한 보호 수단으로 활용하고 있기도 하지. 이런 나라의 현지인들은 비트코인을 통해 자산을 보존하거나, 필요에 따라 현지 통화로 환전해 생활비로 쓰기도 해.

지급수단 측면에서는 어떨까? 대금을 지불하거나, 빚을 갚거나, 세금을 낼 때에 사용할 수 있어야 하는데, 이런 역할을 하려면 사회 구성원 대부분이 그 화폐를 받아들이고 신뢰해야 해. 하지만 비트코인은 아직 그 수준에 이르지 못했지. 세금을 비트코인으로 낼 수도 없고, 대부분의 상점에서 비트코인으로 물건 값을 지불하기도 어려워. 법정화폐로 인정한 국가도 있긴 하지만, 전 세계적으로 보편적인 지급수단이 되기에는 아직 한계가 있어.

결론적으로 비트코인 같은 암호화폐는 일반적인 돈처럼 교

 그렇지만 비
트코인을 사용할 수 있는 곳은 점점 늘어나고 있고, 특히 국제
송금이나 온라인 결제 분야에서는 그 활용도가 높아지고 있어.
법적 규제와 결제 시스템 기술이 얼마나 발전하느냐에 따라 비
트코인의 역할도 달라질 테니 지켜볼 필요가 있단다.

일하지 않고 돈 버는 삶, 가능할까?

SNS나 유튜브 동영상을 보면 회사에 출퇴근하지 않고도, 기업이나 가게를 운영하지 않고도 돈을 버는 사람들 이야기가 보이고 들려요. 대체 그 사람들은 어떻게 먹고사는 거죠? 정말로 아무 일도 안 해도 돈을 벌 수가 있나요? 저도 일하지 않고 편하게 돈을 벌고 싶은데, 그런 일이 가능한 걸까요?

네가 말한 것처럼 아무런 노동도 하지 않고 편하게 돈을 버는 것처럼 보이는 사람들이 있어. 예를 들어, 어떤 사람은 예전에 만든 창작물, 그러니까 음악이나 책이 계속 소비되어 저작권료(누군가가 만든 노래, 그림, 글, 영화 같은 창작물을 다른 사람이 보고 들을 때, 그 대가로 창작자에게 주는 돈)만으로 삶을 꾸려가기도 해.

또 어떤 사람은 건물이나 땅 같은 재산을 가지고 있어서, 굳이 출퇴근하지 않아도 월세나 이자를 통해 수익을 얻을 수 있어. 그리고 어떤 경우에는 값쌀 때 주식을 사서 비쌀 때 팔고, 그 차익으로 생활하거나, 주식의 배당금(기업이 주주에게 지급하는 이익)으로 수익을 얻기도 하지. 정말 운이 좋은 사람은 복권에 당첨된다거나, 부모님으로부터 재산을 물려받아 그 돈으로 여유롭게 생활하기도 해.

그런데 그 사람들이 정말 아무 일도
하지 않을까?

우리가 사는 자본주의 사회에는 자본을 이용해서 돈을 버는 기업가나 자산가가 있고, 노동을 제공해서 돈을 버는 사람이 있어. 후자의 경우가 훨씬 많기 때문에, 우리 대부분은 직접 시간을 들여 일하면서 살아가지.

네가 지금 그 사람들을 부러워하는 이유 중 하나는, 그들이 현재는 노력하지 않고도 돈을 버는 것처럼 보이기 때문일 거야. 하지만 어떤 일이든 겉모습만 보지 말고, 그 이면을 생각해 볼 필요가 있어. '일하지 않아도'라는 말을 곰곰이 생각해 보자. 그런 사람들은 진짜 아무 노력도 없이 편하게 사는 걸까?

세상 모든 일을 하는 데에는 비용이 들어. 예술가의 경우, 하나의 작품을 만들기 위해 시간, 열정, 고통, 노력을 오래도록 쏟아야 해. 모두가 부러워하는 건물주 역시 건물의 시설 점검, 수리, 계약 관리 같은 일을 끊임없이 챙겨야 해. 주식 투자를 하며 사는 사람의 삶도 마냥 쉽지만은 않아. 매일 경제 흐름을 읽고,

공부하고, 리스크를 감수하며 의사결정을 내려야 하지.

겉보기에는 '그냥 돈이 생기는' 것처럼 보여도 대부분은 그 뒤에 보이지 않는 노력이나 시간이 들어가기 마련이야. 가족의 도움이나 좋은 운으로 일하지 않고도 잘사는 사람도 있지만, 그건 일부 특수한 경우일 뿐이야. 어떤 일이든 결과를 얻기까지는 반드시 비용이 들어. 그 비용은 시간일 수도 있고, 기회 자체일 수도 있지. 물톤 그 크기와 종류는 사람마다 다르지만 말이야.

돈을 벌어 경제적 자유를 누린다는 건 멋진 일이야. 하지만 그 과정에는 기회비용이라는 개념이 항상 따라다녀. 뒤에서 더 자세히 살펴보겠지만 기회비용은 간단히 말하자면 '세상에 공짜는 없다.'는 의미이고, 이건 경제의 기본 원칙이기도 해. 다른 사람의 삶을 부러워할 때도, 그 사람이 지금의 여유를 얻기 위해 과거에 치른 비용이나 지금 감수하고 있는 책임이 무엇인지 생각해 볼 필요가 있어. 그걸 이해할 수 있을 때, 너도 경제적 자유에 한 걸음 더 가까이 다가갈 수 있을 거야.

부자가 된다는 건 무슨 뜻일까?

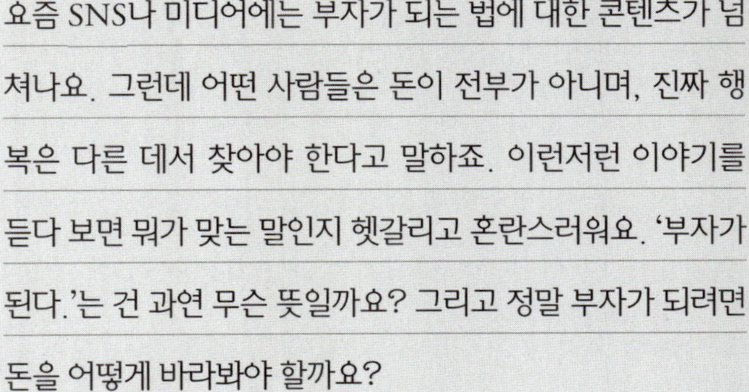

요즘 SNS나 미디어에는 부자가 되는 법에 대한 콘텐츠가 넘쳐나요. 그런데 어떤 사람들은 돈이 전부가 아니며, 진짜 행복은 다른 데서 찾아야 한다고 말하죠. 이런저런 이야기를 듣다 보면 뭐가 맞는 말인지 헷갈리고 혼란스러워요. '부자가 된다.'는 건 과연 무슨 뜻일까요? 그리고 정말 부자가 되려면 돈을 어떻게 바라봐야 할까요?

　네 말대로 든을 스트레스의 원인으로 보는 사람이 있는가 하면, 또 다른 누군가는 자유로 가는 중요한 해방구나 열쇠로 바라보기도 해. 부자를 어떻게 바라보느냐는 결국 네가 정하는 거라서 뭐라고 정답을 이야기해 줄 수는 없어. 다만, 몇 가지 생각할 거리는 건네줄 수 있단다.

　우리에게 왜 돈이 필요할까? 확실히 돈은 삶을 더 편하게 만들어 주는 수단이야. 같은 한 끼라도 더 비싼 음식점에서 먹을 수 있고, 티셔츠 하나를 사도 가격에 구애받지 않고 여러 벌을 살 수 있지. 교통비나 숙박비 걱정을 덜고 내가 원하는 여행지에 갈 수도 있어. 즉 선택권이 넓어지는 만큼 자유도 커지는 거야.

　소비에서 벗어나 시야를 조금 넓히면, 내가 하고 싶은 공부를 하거나 원하는 방식으로 시간을 쓰기 위해 돈이 필요할 때도 많아. 그러려면 어느 정도의 경제적 자유가 필요하지. 돈이 있으면 내가 원하는 것을 선택할 수 있는 여유가 생기니까.

돈이 많으면
다 부자일까?

자산이나 소득만을 기준으로 부자를 판단할 수도 있을 거야. 하지만 마음의 관점에서는 돈이 의사결정의 장애물이 되지 않는 상태, 즉 경제적 자유를 가진 사람을 부자로 볼 수도 있어.

그리고 대체로 부자들은 돈 자체를 많이 가지고 있는 것보다 돈이 돈을 벌 수 있는 시스템을 만드는 데 관심이 많아. 예를 들어, 주식에 투자해서 배당금을 받고 사업에 투자해서 더 큰 수익을 내는 식이지. 즉 내가 돈을 위해 일하는 게 아니라, 돈이 나를 위해 일하게 만드는 데 초점을 맞추는 거야.

돈을 막연히 두려움의 대상이나 지배해야 할 대상으로 보지 않고, 공부하고 익혀야 할 대상으로 바라보는 게 중요해. **돈을 다루는 기술을 배우면 돈과 더 현명한 관계를 맺을 수 있어.** 그래서 많은 부자가 재무 계획을 세우고, 돈의 흐름을 이해하며 다양한 공부를 하는 거야. 우리나라의 한 경영연구소에서 조사한 바에 따르면 부자들은 전체 지출에서 공부나 운동 같은 자기

계발에 투자하는 비중이 일반인보다 높다고 해. 단순히 소비하는 데 그치지 않고, 자기 역량을 키우고 삶의 질을 높이는 데 돈을 활용하는 거지.

나만의 단단한 기준과 관점이 필요해

요즘 SNS나 유튜브를 보면 '경제적 자유 이루는 방법', '더 쉽게 돈 버는 법', '부자 되는 법' 같은 콘텐츠가 정말 많지. 부자가 되는 것이 인생의 최종 목표인 것처럼 이야기하기도 해. 돈을 끊임없이 쌓아야 할 대상으로 여기는 거야. 하지만 **사실 돈은 자기계발, 가족과의 행복한 시간, 여가, 사회적 관계 등 더 큰 행복을 이루기 위한 수단 중 하나야.** 그걸 잊고 '더 많은 돈이 인생의 목표'라고 착각한다면 정작 인생의 소중한 것들을 잃어버릴지도 몰라.

어떤 사람은 돈을 모으는 데만 집중하다 보니, 그 돈으로 무엇을 하고 싶은지, 어떻게 살고 싶은지를 잊고 나중에 크게 후회하기도 하거든.

또 하나 흔한 착각은, 돈이 많은 사람과 적은 사람은 부의 크기에서 차이가 날 뿐인데 부자는 악하고 가난한 사람은 선하다는 식으로 부富를 선악善惡이나 도덕적 잣대로 여긴다는 거야. 돈을 많이 번 사람이라고 해서 다들 부정한 방법으로 돈을 번 것은 아니야. 성실하고 착하게 일한다고 해서 돈을 벌기 어려운 것도 아니고.

부는 단지 현재 소득이나 자산 규모를 뜻할 뿐인데, 사람들은 거기에 불필요한 잣대를 너무 많이 부여해. 어떤 이들은 그저 운이 크게 닿아 사회적 성공을 이루고 부자가 되기도 하는데, 그런 사람을 '인생 성공을 이룬 사람', '현명한 사람'으로 신봉하는 경우도 있으니 좀 이상하지? 운 좋은 사람이 성공한 사람이고 현명한 사람은 아니지 않아?

자신이 운이 좋았음을 겸손하게 인정하고, 사회적 책임을 다하는 부자도 있어. 즉 기부 등으로 사회 환원을 실천하는 거지. 많은 돈을 거머쥔 만큼 그 부를 나누는 책임을 실천하는 거야. 자산이 약 200조 원인 미국의 전설적인 투자자 워런 버핏Warren Buffett은 2006년부터 2025년까지 약 80조 원을 기부했어. 사후에도 자기가 가진 재산의 99.5%를 자선단체에 기부할 계획이라고 밝혔으니 참 대단하지.

세상에는 부자를 보는 다채로운 시선이 있어. 네가 부자가 되고 싶다면 먼저 '부자'의 정의를 명확히 하고, '돈'이 의미하는 바를 깊이 생각해 볼 필요가 있어.

2

어떻게 소비할까?

사람들은 왜 가성비를 따질까?

요즘에는 물건을 살 때 가성비(가격 대비 성능)를 많이 따져 봐요. SNS나 블로그를 보면 다들 가성비 좋다는 맛집에서 밥을 먹고, 핸드폰 요금제도 하나하나 짚어 보고, 전자제품 가격도 이모저모 비교하고 사잖아요. 이왕이면 값싸고 좋은 것을 소비해야 이득이죠. 그런데 어떤 때는 가성비 좋다는 물건을 샀는데 오히려 손해를 본 느낌이 들어요. 그럴 때는 '싼 게 비지떡'이라는 속담이 떠오르기도 해요. 똑똑하게 소비한다고 했는데 왜 이런 일이 생기는 걸까요?

가성비라는 말에 관심이 있구나. 소비자가 어떤 상품이든 살 때 지출한 돈에 비해 성능이 좋으면 가성비가 좋다고 하지. 사람들은 본능적으로 합리적인 선택을 하려고 해. 소비를 통해 얻는 만족은 최대화하고, 들어가는 비용은 최소화하려 하거든.

경제학에 따르면 우리 머릿속에는 양팔 저울이 있어. 편익과 비용이라는 무게를 재는 저울이지. **편익은 어떤 행동을 통해 얻는 만족감이나 이득을 말해. 반면 그 행동을 선택함으로써 잃는 것도 있어. 이걸 경제학에서는 기회비용이라고 하지.**

구체적인 예를 들어 보자. 노트북을 구매할 때 '경쟁사 대비 두 배 빠른 속도와 성능'을 가진 제품을 저렴하게 샀다면 큰 이득을 얻었다고 생각할 거야. 이렇게 가성비를 내세우면서 인기를 얻는 상품도 있지. 중국의 전자제품 기업인 샤오미는 가격이 저렴하면서도 성능이 양호한 보조배터리나 로봇 청소기를 만들어서 큰 성공을 거뒀어. 적은 비용으로 더 큰 편익을 누리려는 사람들의 욕구를 정확히 파악해서 성공한 사례야.

그런데 가성비의 세계에서 우리가 쉽게 놓치는 사실이 있어. 바로 편익에 대한 가치가 사람마다 다르다는 점이야. 물건이나 서비스로 누리는 편익에 부여하는 가치는 사람마다 천차만별일 수 있거든.

예를 들어 가수 A의 콘서트를 가기 위해 철수와 영희가 각각 15만 원의 티켓을 샀다고 생각해 보자. 똑같은 공연을 관람하더라도 그 가수의 열렬한 팬인 영희는 100만 원어치의 만족도를 누릴 수 있고, 그렇지 않은 철수는 몇만 원 정도의 편익만 느낄 수 있어. 결과적으로 영희는 콘서트를 보며 가성비가 매우 높다고 느끼겠지만, 철수는 가성비가 떨어진다고 생각할 거야.

일상 소비에서도 마찬가지야. 어떤 사람은 명품 옷이나 가방을 사면서 큰 행복을 누리지만, 또 다른 사람은 하굣길에 길거리에서 사 먹는 붕어빵 한 봉지에 더 큰 만족감을 느낄 수 있지. 이처럼 비용 대비 편익은 사람마다 기준이 달라. 물론 **보편적으**

그런데 요즘에는 '가성비'와 함께 '가심비'라는 말도 자주 들리지 않아? 가심비는 '가격 대비 심리적 만족'의 줄임말로, 단순히 기능이나 성능만으로는 측정하기 어려운 감정적 만족감을 중시하는 소비 패턴을 말해.

예를 들어 같은 가격대의 스마트폰이라도 내가 좋아하는 브랜드의 제품을 선택하거나, 환경을 생각하는 브랜드의 제품을 골라서 '지구를 위해 좋은 일을 했다.'는 뿌듯함을 느끼는 것처럼 말이야. 커피 한 잔을 마시더라도 집에서 인스턴트커피를 타 마시는 것보다 친절한 사장님이 있는 동네 카페에서 따뜻한 분위기를 느끼며 마시는 걸 선택하는 것도 가심비를 추구하는 소비라고 할 수 있어.

이처럼 현대 소비자들은 단순한 기능적 효율성을 넘어서 자신의 가치관과 감정을 표현할 수 있는 소비에도 큰 의미를 두고 있어. 결국 진정으로 만족스러운 소비란 가성비와 가심비 사이에서 자신만의 균형점을 찾는 것일지도 몰라.

평소에 나에게 만족감과 아쉬움을 주는 게 무엇인지 구체적으로 파악해 두는 게 좋아. 예를 들어 내가 어떤 활동을 할 때 가장 큰 편익과 만족감을 누리는지 알고 있으면, 정해진 예산 안에서 소비를 해야 할 때 무엇을 1순위로 삼을지 쉽게 정할 수 있거든. 내가 새로운 음식을 시도하는 것에서 가장 큰 즐거움을 느끼는지, 새로운 장소를 탐험하는 것에서 만족감을 얻는지, 아니면 사람들과의 만남과 관계에서 기쁨을 느끼는지 등을 명확히 알아 두면 훨씬 효과적인 소비를 할 수 있어.

비용 측면에서 살펴봐도 마찬가지야. 내가 돈을 쓰는 것 자체에 아쉬움을 느끼는지, 아니면 가성비를 따지느라 소중한 사람들과 함께하는 시간을 잃는 것이 더 아까운지를 평소의 경험을 통해 잘 파악해 두는 게 좋아. 그래야 진정으로 만족스러운 소비를 할 수 있어.

왜 유행하는 물건을
따라 사고 싶을까?

요즘 제 친구들이 다 똑같은 브랜드 운동화를 신고 다녀요. 그러다 보니 저도 모르게 그 신발이 갖고 싶어져서 따라 샀어요. SNS에 올라오는 노래를 모르면 대화에 끼지 못할까 봐 찾아서 듣게 되고요. 이게 정말 제 취향인지 아닌지 헷갈릴 때도 많아요. 꼭 필요하지 않아도, 좋아하지 않아도 유행하면 따라 사고 싶고 따라 하고 싶은 이런 마음은 왜 생기는 걸까요?

친구들 사이에 유행하는 물건을 따라 사고 싶고, 인플루언서가 추천하는 상품을 사고 싶은 욕구가 솟을 때가 있지? 이런 소비심리를 경제학에서는 밴드웨건band wagon 효과, 우리 말로는 편승효과라고 불러.

밴드웨건은 옛날 미국 서부 개척시대의 악대차를 말해. 이 악대차가 화려하고 떠들썩한 분위기로 시선을 끌면서 "저기 금광이 발견됐다!"라고 선전하면 사람들이 무작정 따라갔다고 해. 당시 악대차를 따라가던 사람들처럼 **자신의 주관이나 취향보다는 다른 사람의 행동이나 유행을 좇아 상품을 사는 현상을 가리키는 말이 밴드웨건 효과야.** "친구 따라 강남 간다."는 속담을 생각하면 쉽게 이해할 수 있는 현상이지.

특히 요즘 기업들이 SNS 입소문 마케팅에 공을 들이는 것도 이런 심리를 노린 거야. 인플루언서에게 협찬을 해서 상품을 알리거나, 바이럴 마케팅으로 입소문을 퍼뜨리는 경우도 많지. 물론 이게 무조건 나쁜 현상은 아니야. 밴드웨건 효과 덕분에 더 좋은 제품을 알게 되고 현명한 소비를 하는 경우도 있을 수 있거든.

하지만 부작용도 있어. 친구의 추천이나 입소문 마케팅 덕분에 만족도 높은 소비를 할 수도 있지만, 오히려 필요하지 않은 상품을 사서 과소비를 할 위험도 크거든. 특히 우리나라처럼 집단에서 도드라지기보다 소속감을 중시하는 문화에서는 이런 소비심리가 더욱 강하게 나타나기도 해.

그런데 생각해 보자. 친구들이 많이 입는 티셔츠를 따라 사거나 인플루언서가 추천하는 영양제를 따라 샀다고 해서 그것이 정말 나에게 만족감을 줄까? 오히려 내가 원하지도 않는 제품에 불필요한 돈을 쓰고 나서 큰 후회를 할 수도 있어.

그래서 무언가를 사기 전에 한 번 더 생각해 볼 필요가 있어. 내가 정말 필요해서 사는 건지, 아니면 남들이 다 갖고 있으니까 단순히 따라서 구매하는 건지, 스스로에게 물어보는 거야. 만약 내가 유행에 편승해서 무언가를 사고 있다면 그런 자극을 줄이는 것도 좋은 방법이 될 수 있어.

특히 SNS는 모방 소비를 부추기는 대표적인 공간이야. 타인의 소비가 끊임없이 자극을 주기 때문이지. 그러니까 특정 인플루언서나 광고성 콘텐츠를 차단하거나 SNS 사용 시간 자체를 줄이는 게 나다운 소비를 하는 데 도움이 될 수 있어. 친구들이 다 가지고 있다고 해서 나에게 꼭 필요한 것은 아니거든. 평소에 나의 취향이나 생활 방식, 예산에 맞는 물건이 무엇인지 꾸준히 점검해 보는 태도가 중요해.

공짜는
늘 좋은 걸까?

새로 오픈한 무인 매장에서 '오픈 기념 선물'이라며 무료 경품을 주는 걸 봤어요. 카페에서는 음료를 한 잔 구매할 때마다 스탬프를 찍어서 종이 한 장을 꽉 채우면 음료 한 잔을 공짜로 주기도 하지요. 일단 무료, 공짜라고 하면 마음이 끌리는데, 가끔은 의문이 들어요. 이런 이벤트 상품이 과연 정말 공짜인 걸까요?

공짜, 무료라는 말을 들으면 나도 모르게 끌리지? 이건 자연스러운 현상이야. 그렇지만 우리가 공짜라고 생각하는 상품이 진짜 무료가 맞는지 한 번쯤 따져 볼 필요도 있어. 예를 들어 마트의 오픈 기념행사에서 무료 경품을 나눠 준다고 생각해 봐.

이런 무료 경품 행사를 자세히 들여다보면 길에서 물티슈나 펜을 나눠 주며 행인들의 시선을 끈 다음, 자연스럽게 가게에 들어가게 이끌고 다른 상품을 구매하도록 유도하지. 경품 증정이 마케팅 전략인 셈이야.

스탬프를 열 개 채우면 음료 한 잔을 무료로 주는 카페 쿠폰은 어떨까? 사실 그 무료 음료 한 잔을 받으려면 그 전에 열 잔 이상의 커피를 그 카페에서 사 먹어야 하잖아. 그런데 여기에 함정이 있어. 스탬프 아홉 개를 채운 상태에서는 '한 개만 더 찍으면 공짜!'라는 생각에 원래 계획에도 없던 커피를 추가로 주문하게 되는 거야. 또 스탬프를 다 채우지 못하고 잃어버리거나 유효기간이 지나면 그동안 모은 스탬프는 아무 의미가 없어지지. 결국 카페 입장에서는 고객이 더 자주 방문하도록 유도하면서, 무료 음료 한 잔의 비용보다 훨씬 많은 수익을 얻는 거야.

이렇게 공짜처럼 보여도 사실 그 '무료' 혜택을 얻기 위해서 우리는 시간이나 주의력 그리고 선택권을 내어주는 경우가 많아. 눈에 보이는 돈이라는 비용이 아니라 다른 형태의 무언가를 지불하고 있는 거지. 이런 현상을 설명하는 경제학 개념이 바로 '기회비용'이야.

경제학에서는 우리가 무언가를 선택하며 치르는 비용을 계산할 때 '눈에 보이는 명시적 비용'뿐 아니라 '눈에 보이지 않는 암묵적 비용'을 함께 고려해. 기회비용이란 어떤 선택을 할 때 실제로 지출하는 돈(명시적 비용)과 그 선택으로 인해 포기하게 되는 가장 좋은 대안의 가치(암묵적 비용)를 합친 총비용을 말해. 예를 들어 토요일 오후에 친구와 영화를 보러 가기로 했다면, 영화표 값 1만 원(명시적 비용)과 그 시간에 할 수 있었던 다른 일

(공부, 운동, 휴식, 아르바이트 등) 중 가장 가치 있다고 생각하는 대안, 예를 들어 아르바이트를 해서 벌 수 있었던 3만 원(암묵적 비용)을 합친 4만원이 영화 관람에 대한 기회비용이 되는 거야.

기회비용의 개념을 곱씹다 보면 중요한 깨달음을 얻게 돼. 바로 세상 어디에도 대가 없는 완벽한 공짜는 없다는 사실이야. 앞에서 이야기했던 것 기억나지? 무료 경품같이 공짜처럼 보이는 것들은 대부분 '주의를 끌기 위한 마케팅 수단'이거든. 우리는 그 경품을 받는 대신 주의력과 시간을 지불하는 셈이지.

그렇다면 현명한 소비자가 되려면 어떻게 해야 할까? 누구나 공짜라는 말에 이끌릴 수 있어. 그건 자연스러운 현상이지. 그렇더라도 무조건 공짜에 현혹되기보다 '이걸 선택함으로써 내가 포기하는 기회비용이 무엇일까?'를 생각해 보는 게 좋아.

예를 들어, 유튜브 동영상의 경우 프리미엄 회원이 아닌 무료 이용자는 그 플랫폼에서 제공하는 동영상을 공짜로 본다고 생각하지만, 실제로는 우리의 시간을 내어주고 있는 거야. 동영상과 동영상 중간에 나오는 광고를 시청하는 시간 동안 다른 일을 할 수 있는 기회를 비용으로 치르고 있는 거지. **생각해 보면 돈만큼이나 시간도 우리에게 소중한 자원인데 그걸 잊을 때가**

많아. 더구나 해당 광고에 나오는 상품을 꼭 구매하지 않더라도 '건너뛰기'를 하지 않고 계속 바라보거나 클릭을 하면 우리 관심과 구매 욕구를 기업에 제공하는 셈이 돼.

결론적으로 무료로 보이는 무엇인가를 선택할 때는 나도 모르게 소중한 무엇인가를 대가로 치르고 있지는 않은지 긴밀히 살필 필요가 있단다.

1+1 묶음 상품을 사면 무조건 이득일까?

마트나 편의점에서 1+1, 2+1 행사를 자주 보는데, 솔직히 저도 모르게 끌려서 라면이나 과자, 음료수 같은 걸 사게 돼요. '한 개 가격으로 두 개나 가져갈 수 있다니 완전 이득이잖아!' 하면서 사긴 하는데, 나중에 생각해 보면 이게 정말 좋은 선택이었나 싶을 때가 있거든요. 이런 묶음 상품을 사는 것이 진짜 득이 되는 건가요?

 '한 개 가격으로 두 개'라는 말을 들으면 괜히 이득을 보는 느낌이라 충동적으로 물건을 사게 돼. 사람들이 본능적으로 할인보다 '공짜'에 훨씬 더 강하게 반응하기 때문이야. 한 개를 50% 할인해 주는 것도 엄청나게 저렴한 느낌이지만, '한 개 사면 하나는 공짜'라고 하면 하나는 거저 얻는다는 느낌을 주거든. 사실 두 경우 모두 제품 하나의 가격은 똑같고, 후자의 경우는 꼭 한꺼번에 두 개를 사야 한다는 조건이 붙는다는 게 차이점인데 말이야.

 눈치챘겠지만 같은 내용이라도 어떤 문구나 그림을 사용해서 광고하느냐에 따라 사람들의 반응이 크게 달라질 수 있어. 실제로 광고 문구도 매우 중요하지. 예를 들어 마트에서 '특가 세일! 샴푸 네 통에 3만 원'이라고 쓰인 광고 문구를 봤다고 해 보자. 이 마트 판매 담당자는 어째서 '개당 7,500원'이라고 쓰지 않고 '네 통에 3만 원'이라고 쓴 걸까?

 이유가 있어. 샴푸는 한 통을 사도 꽤 오랜 시간 쓸 수 있는 상품이야. 급하게 많이 살 필요가 없지. 그렇지만 '네 통에 3만 원' 같은 세일 문구를 보면 사람들은 '어차피 언젠가는 쓸 물건이니 저렴할 때 많이 사두자.'는 생각을 하게 돼. 이러한 소비자의 심리 때문에 샴푸 한 통을 사기 위해 마트에 갔던 사람이 결국 세 통을 더 사는 충동구매를 하게 되는 거지.

같은 조건으로 파는 상품이라도 어떻게 광고하는지에 따라 소비자의 반응을 다르게 이끌어 낼 수 있다는 것을 이제 확실히 알겠지? 이런 현상을 프레이밍 효과Framing Effect라고 하는데, 프레이밍이라는 건 '틀을 씌운다'는 뜻이야. **같은 사실이라도 긍정적으로 또는 부정적으로 프레임(틀)을 잡아 제시하면 사람들의 선택이나 판단이 달라질 수 있다는 개념이지.**

더 구체적인 예를 들어보자. '지금 안 사면 손해'라는 광고 문구를 떠올려 봐. 사람들의 마음속에는 손실 회피 성향이라고 해서 손실이나 후회를 두려워하는 경향이 있어. 그래서 지금 상품을 사지 않으면 손해 볼 수 있다는 문구가 사람들의 마음을 잡아끌고 결국 구매 결정을 내리게 만드는 거야.

또 다른 예로는 '한정 수량', '마감 임박' 같은 문구가 있어. 실제로는 재고가 충분할 수도 있지만, 이런 표현이 '지금 사지 않으면 기회를 놓친다.'는 조급함을 만들어 내는 거지.

우리는 스스로를 합리적으로 생각하고 똑똑한 구매를 하는 소비자라 생각하지만 이렇듯 알고 보면 감정이나 취향, 습관이나 광고 같은 심리적 요인에 흔들릴 수 있어. 이 과정에서 충동구매를 할 수 있는 거지. 예를 들어 묶음 상품을 구매하면, 한 개만 필요했는데 두 개를 사서 안 쓰는 물건이 늘어나거나 과소비를 하는 결과로 이어져.

물론 기업 입장에서는 물건이 더 많이 팔리니까 좋은 전략이지만, 소비자에게는 기회비용이 큰 선택이 될 수 있어. 하나만 사고 남은 돈으로는 다른 선택을 할 수 있었는데, 그 선택권이 사라졌으니 말이야. 또한 실제로 묶음 판매로 과자나 음료를 구매했는데 유통기한이 지나거나 다 먹지 못해서 버리게 되는 상황도 생길 수 있지.

비싼 명품이
반드시 좋은 물건일까?

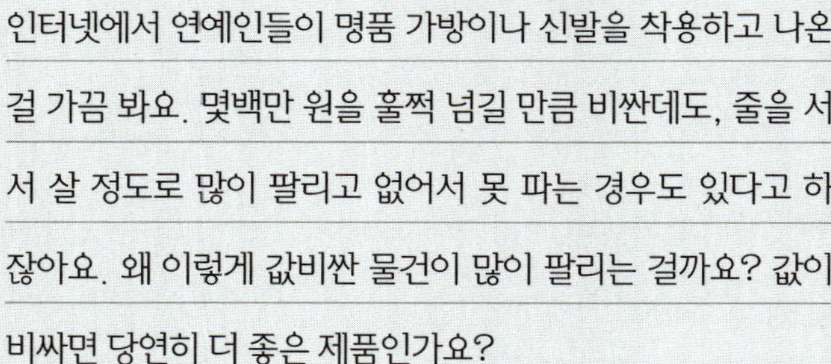

인터넷에서 연예인들이 명품 가방이나 신발을 착용하고 나온 걸 가끔 봐요. 몇백만 원을 훌쩍 넘길 만큼 비싼데도, 줄을 서서 살 정도로 많이 팔리고 없어서 못 파는 경우도 있다고 하잖아요. 왜 이렇게 값비싼 물건이 많이 팔리는 걸까요? 값이 비싸면 당연히 더 좋은 제품인가요?

　명품이 왜 인기 있는지 궁금하지? 일반적으로는 가격이 올라가면 사람들이 그 상품을 덜 사는데, 명품이라고 불리는 옷이나 가방, 신발, 액세서리는 그렇지 않은 경우가 많지. 비쌀수록 더 많이 팔리는 현상을 보이기도 하거든. 물론 생산비용이 많이 들어서 물건이 비싸지는 측면도 있지만 상품의 질과 상관없이 더 비싼 브랜드의 상품을 좋아하는 경우도 많아.

　미국의 경제학자이자 사회학자였던 소스타인 베블런 Thorstein Veblen 은 약 120여 년 전에 이런 현상이 왜 일어나는지 설명했어. 소비가 단순히 필요를 채우기 위한 것이 아니라 '과시'를 위한 행위일 수 있다는 점을 지적한 거지. 예를 들어, 자동차나 스마트폰은 우리 삶을 편리하게 해주는 기능을 하잖아? 그런데 사람들은 이런 제품들을 통해 자신의 사회적 지위를 드러내고 싶어 하기도 해. 그래서 어떤 제품은 '비싸다'는 이유만으로 그 자체가 지위의 상징이 되지. 이런 소비를 베블런은 '과시적 소비 conspicuous consumption'라고 이름 붙였어.

과시적 소비의 대표적인 예를 살펴볼까? 명품 가방이나 시계는 본연의 기능보다는 비싼 가격을 통해 사회적 지위를 과시하는 수단이 되곤 해. 고급 자동차는 이동 수단을 넘어서 지위의 상징이 되기도 하지. 한정판으로 비싸게 판매하는 운동화도 마찬가지야. 이런 상품들은 가격이 높고 희소할수록 소유를 통해 자신이 '특별한' 존재임을 보여 주는 수단이 되거든. 그래서 **명품이 가격을 올리는데도 오히려 사람들이 더 많이 사는 현상이 나타나는 거야. 이런 현상을 경제학에서는 '베블런 효과**Veblen Effect**'라고 불러.**

원래 대부분의 상품은 가격이 저렴해질수록 사람들이 더 많이 사지. 그렇지만 값비싼 귀금속이나 고급 향수, 명품 브랜드의 가방이나 고급 외제차는 반대로 가격을 내릴수록, 그리고 더 많은 사람이 구매할수록 사람들이 이 제품을 '누구나 쉽게 구매할 수 있는 상품'으로 생각하게 돼. 그래서 오히려 고급 브랜드 이미지에 손상이 가서 사지 않는 경우가 생기지. 명품을 파는 기업들은 이런 이유로 의도적으로 브랜드 고급화 전략을 택해.

나는 이 제품이 필요해서 사는 걸까, 과시하기 위해 사는 걸까?

명품 기업은 상품 가격을 올리거나 연예인에게 협찬해서 값비싸고 아무나 살 수 없는 상품이라는 걸 어필하는 경우가 많아. 심지어 사람들이 많이 사는 대중적인 상품일수록 명품의 가치가 떨어진다고 생각해서 일부러 대량 생산을 제한하거나 판매처를 줄이는 기업도 있어. 그러면 손해 아니냐고? 그렇지 않아. 이런 기업 입장에서는 더 많은 사람이 사는 것보다 비싸고 희소한 브랜드 이미지를 지켜서 더 비싼 가격에 상품을 파는 것이 오히려 이득일 수 있거든.

이런 명품 기업의 전략을 곱씹어 보면 중요한 사실을 깨닫게 돼. 명품이라고 해서 늘 성능이 훌륭하거나 품질이 남다른 건 아니라는 사실 말이야. 비싸다고 해서 반드시 상품의 질이 좋다고 단정할 수 없는 거지.

그러니 뭔가 갖고 싶다면 내가 이걸 왜 사려는지 이유를 잘 생각해 보자. 특히 내가 정말 필요해서인지, 남들에게 보여 주

기 위해서인지 구분해 볼 필요가 있어. 남들보다 우월하고 싶은 마음에 무언가를 사는 건 얼핏 보기에 내 욕구를 추구하는 것 같지만, 자칫 타인의 시선 속에 갇혀 있는 것일 수 있거든. 그럴 경우 과소비를 하게 될 가능성도 높지. 결국 어떤 소비자든 자신의 지불 능력 한도 내에서 합리적으로 상품을 사고 있는지 점검해 볼 필요가 있어.

왜 광고를 보면 구매 버튼을 누르고 싶어질까?

스마트폰, 게임기, 또는 기타 전자제품의 새로운 모델이 출시되었다는 소식을 접하거나 광고를 보면 너무 사고 싶어요. 꼭 필요한 것도 아니고, 지금 사용하고 있는 것도 아직 멀쩡한데도 그래요. 저는 사 달라고 하고, 부모님은 이전 것을 더 사용하라고 하면서 갈등도 많이 생겨요. 왜 그렇게 그게 갖고 싶은 걸까요? 저도 제 마음을 잘 모르겠어요.

일단 광고가 어떤 역할을 하는지부터 알아볼까? 우선 광고는 정보 제공의 역할을 해. 새로운 제품이 출시되었다는 소식이나 몰랐던 사용 방법을 배울 수 있지. 그런데 광고의 역할은 거기서 그치치 않아. 이미 스마트폰이 있는데도 최신 모델에 끌리거나, 치킨 광고를 보다가 갑자기 배가 고파지기도 하잖아? 이건 사실 네가 진짜 필요해서 그렇게 느꼈다기보다 광고가 네 욕구를 자극한 거야.

미국의 경제학자 존 갤브레이스 John Kenneth Galbraith**는 이런 현상을 '의존효과**Dependence Effect**'라고 불렀어. 네가 정말 원하는 게 아니라 광고 때문에 뭔가를 사고 싶어진다는 거야.** 옛날에 사회가 빈곤할 때는 배고픔에서 벗어나는 게 사람들의 최대 관심사였지. 그런데 18세기 영국에서 산업혁명이 일어나면서 사회가 점점 풍요로워졌어. 그 덕분에 기본적인 건 다 가진 사람들이 많아졌지.

이런 풍요로운 세상에서도 기업은 계속 제품을 만들어 내야 수익을 내고 살아남을 수 있어. 결국 기업은 광고를 통해 꼭 필요하지 않은 물건도 사람들이 사고 싶어지도록 욕구를 부추기는 방법을 택했지.

이미 좋은 스마트폰을 가지고 있어도 새 모델이 나왔다는 멋진 광고를 보면 사고 싶지? 겨울 패딩도 이미 있는데, 유행하는 새 디자인의 광고를 보면 또 끌리잖아.

기업은 광고로 우리 감정을 살짝 건드리면서 '이걸 사면 행복해질 거예요!'라거나 '지금 안 사면 다른 사람보다 뒤처지는 거예요.' 같은 메시지를 주지. 요즘은 소셜 미디어에서 데이터를 분석해서 내 취향에 딱 맞는 광고를 보여 주기도 해. 예를 들어, 인스타그램에서 운동화를 자주 보면 비슷한 광고가 자꾸 뜨는 거 봤지? 그게 다 계산된 거야.

내게 필요한 물건인지 아닌지 어떻게 알 수 있을까?

이렇게 광고에 둘러싸이다 보니 쇼핑이 재미있는 놀이처럼 느껴질 때도 있어. 이러한 분위기 속에서 사람들은 쉽게 새로운 상품을 사지. 상품 생산보다 소비에 중점을 두는 세상의 모습을 소비주의라는 말로 설명하기도 해. 이 소비의 사회에서 우리는 끊임없이 무언가를 사라고 설득당하고 있고, 덕분에 불필요하게 산 물건이 집에 계속 쌓이게 되는 거야.

그럴수록 소비자는 나의 '필요'와 '욕구'를 명확하게 구분해 볼 필요가 있어. '필요need'는 생존하려면 꼭 있어야 하는 거야. 밥, 집, 기본적인 옷 같은 것을 말하지. 반면 '욕구want'는 있으면 좋지만 없어도 사는 데 문제가 없는 거야. 옷이 충분히 있는데 인터넷 쇼핑몰에서 유행하는 새 옷을 보고 사고 싶어진다면, 그건 필요가 아니라 욕구에 가까워.

그러니까 뭔가를 사고 싶을 때는 자신에게 물어보는 게 좋아. '이게 정말 내게 필요한 걸까? 아니면, 그냥 충동적으로 갖고 싶은 걸까?' 하고 말이야. 구매 버튼 누르기 전에 잠깐 생각해 보고, 예산을 세워서 꼭 필요한 것부터 사는 게 좋아. 그러면 불필요한 소비를 줄이고, 네가 정말 원하는 것을 선택할 수 있을 거야!

마트의 가격표는
왜 9로 끝날까?

마트나 인터넷 쇼핑몰에 가보면 가격표에 유독 9자가 많이 보여요. 1,000원이 아니라 990원, 1만 원이 아니라 9,900원이 적혀 있거든요. 왜 물건을 판매하는 사람들은 9라는 숫자를 좋아하는 걸까요?

  네 말대로 마트에 가보면 9,900원, 990원처럼 유독 9가 들어가는 가격표가 많지. 미국 콜로라도 주립대의 케네스 매닝^{Kenneth Manning}과 워싱턴 주립대의 데이비드 스프로트 ^{David Sprott} 박사의 연구에 따르면, **사람들은 자릿수가 많은 숫자를 볼 때 오른쪽 숫자보다 왼쪽 숫자에 먼저 집중한다고 해. 이걸 '왼쪽 자릿수 효과**^{Left-Digit Effect}'라고 불러.

  두 사람은 실험을 통해 이를 증명했는데, 그 내용을 한번 살펴보자. 너라면 어떤 선택을 할지 생각하면서 읽어 보면 더 재미있겠지? 연구진이 2달러와 4달러짜리 펜을 보여 줬을 때, 학생들 대부분은 2달러짜리 펜을 골랐어. 그런데 이번엔 2달러짜리 펜은 그대로 두고 4달러짜리 펜의 가격을 3.99달러로 바꿨지. 그러자 무려 44%의 학생이 더 싼 2달러짜리 펜 대신 3.99달러짜리 펜을 선택했어. 고작 1센트, 그러니까 우리 돈으로 10원 정도 깎아 줬을 뿐인데 학생들은 그 펜이 처음의 4달러보다 훨씬 저렴해졌다고 생각한 거야.

이런 현상이 왜 일어나는 걸까? 간단해. 대부분의 문화권에서 숫자를 왼쪽에서 오른쪽으로 읽잖아. 그래서 사람들은 긴 자릿수의 숫자를 볼 때 왼쪽 숫자를 먼저 기억해. 예를 들어, 1만 원짜리 상품이랑 9,900원짜리 상품을 비교하면 100원 차이밖에 안 나는데도 9,900원짜리가 훨씬 더 싸게 느껴지지. 왜냐하면 1만 원은 '만 원대'로 보이지만, 9,900원은 '9,000원대'로 보이니까. 마찬가지로, 4만 9,000원과 5만 원, 9만 9,000원과 10만 원처럼 경계 숫자 바로 아래로 가격을 설정하면 가격대가 달라진 것처럼 느껴져.

할인율이나 세일 가격을 제시할 때도 이 효과를 사용해. 가령 1만 2,000원짜리 물건을 1만 원으로 할인했을 때와 9,900원으로 할인했을 때, 어느 쪽이 효과가 더 좋을까? 겨우 100원 차이지만 9,900원으로 할인하면 '만 원대'에서 '9,000원대'로 내려간 것처럼 보여서 할인율이 훨씬 더 큰 것처럼 느껴지지. 이렇게 하면 소비자는 마치 더 저렴한 가격대의 제품을 산 것 같은 심리적 만족감을 얻어.

이 왼쪽 자릿수 효과는 우리한테 어떤 사실을 알려줄까? 사람이 항상 합리적으로 생각하고 소비하는 건 아니라는 거지. 만약 우리가 완벽하게 합리적이었다면, 가격 차이가 100원, 10원 밖에 안 나는데 그것만 보고 해당 제품을 선택하지는 않을 거야. 하지만 우리는 무의식적으로 왼쪽 숫자에 끌려서 작은 차이에도 쉽게 휘둘리곤 해. 우리가 이렇게 사소한 변화에도 자주 흔들린다는 것을 깨달으면, 내 소비가 정말 현명한지 잠깐 멈춰서서 생각해 볼 수도 있겠지?

가치소비가
뭘까?

마트에서 동물 복지 계란을 발견했어요. 일반 계란보다 가격이 비싼데도 많이들 구매하더라고요. 똑같은 계란이고 맛이나 영양소에 별 차이도 없을 것 같은데, 사람들은 무엇 때문에 이런 소비를 하는 걸까요?

마트에서 동물 복지 계란을 보고 궁금증이 생겼구나? 일반 계란은 보통 좁은 공간에서 닭을 키워서 얻은 무정란인 경우가 많아. 닭이 사는 철장은 보통 A4 용지 한 장보다도 좁다고 해. 이런 스트레스 많은 환경에서 낳은 계란이 우리 식탁에 오르는 거지. 반면, 동물 복지 계란을 낳는 닭은 자유롭게 움직이고 스트레스를 덜 받는 환경에서 키워진 거야. 가격이 더 비싸도 이 계란을 산다면 그건 동물이 더 나은 환경에서 자라도록 돕고, 환경 보호에도 기여하는 소비 방식이야. 이런 소비에는 동물과 환경을 생각하는 생산자를 응원하는 마음도 담겨 있지.

이렇게 **가격이나 디자인이 아니라 자신의 가치와 신념을 먼저 생각해서 물건을 고르는 걸 '가치소비'라고 불러.** 저렴하거나 유명한 브랜드라고 해서 무조건 사는 게 아니라, 좀 비싸도 내 신념이나 윤리에 맞는 제품을 선택하는 거야.

예를 들어, 유기농 식품, 친환경 세제를 구매하거나 재래시장에서 장을 보는 것, 장애인이나 환우가 만든 물건을 사는 소비트렌드도 있어. 단순히 물건을 산다기보다, 환경 보호나 사회적 가치를 지지하는 '멋진 소비'를 추구하는 거지.

가치소비를 할 때 사람들은 자신이 중요하게 생각하는 가치를 드러내서 보여 주기도 해. 이걸 '미닝아웃^{meaning out}'이라고 부르는데, '미닝^{meaning}(신념)'과 '커밍아웃^{coming out}(자신을 드러내다)'이 합쳐진 신조어야. 예를 들어, 위안부 피해자 지원 팔찌나 에코백을 사는 것, 동물 실험을 안 한 화장품을 고르는 것도 가치소비야. 그리고 SNS에 이런 제품 사진을 올리거나 #가치소비 같은 해시태그로 자신의 신념을 공유하는 건 미닝아웃인 거지.

기업들도 이 트렌드에 맞춰서 움직이고 있어. 예를 들어, 페트병을 재활용하기 쉽도록 무라벨 용기를 만들거나, 버려진 플라스틱을 재생 섬유로 바꿔 아웃도어 옷이나 화장품 용기를 만드는 거야. 이런 노력은 환경을 지킬 뿐 아니라, 소비자들에게 '우리 브랜드는 가치소비를 지지해!'라는 메시지를 주지. 실제로, 투썸플레이스는 재활용 가능한 종이 포장재를 도입했고, 패션 브랜드 파타고니아는 재생 소재로 옷을 만들어서 가치소비를 이끌고 있어.

가치소비는 단순히 가성비만 따지는 세상이 아니라, 가치 중

심의 세상을 만드는 데 도움을 줘. 돈을 쓸 때 '이게 내 신념이나 가치관에 맞는 소비인가?'를 한번 생각해 보면, 더 뿌듯한 소비를 할 수 있을 거야.

돈의 흐름을 알면 경제가 보인다고?

1. 동네 가게들은 왜 생겼다 사라졌다 할까?

2. 돈을 많이 쓰면 경제가 좋아질까, 나빠질까?

3. 나라에 돈이 부족하다면, 돈을 더 찍어 내면 되지 않나?

4. 은행은 왜 우리 돈을 보관해 줄까?

5. 은행에 돈을 맡길 때는 어떤 기준으로 상품을 고를까?

6. 기준금리가 대체 뭐길래 다들 이렇게 관심이 클까?

7. 은행은 어떻게 그 많은 돈을 빌려줄까?

8. 나라 경제에 큰 영향을 준다는데, 관세가 대체 뭘까?

9. 왜 달러가 세계에서 가장 힘센 돈이 되었을까?

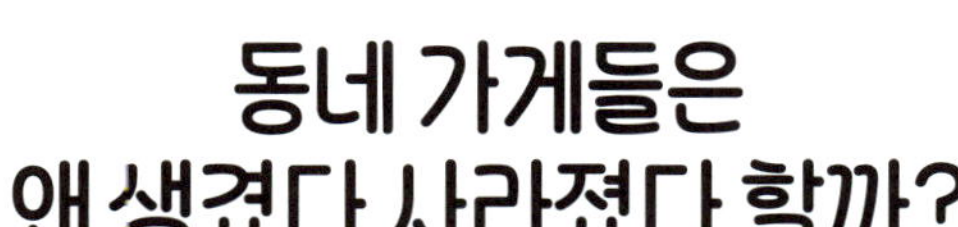

학교 앞에 작년에 새로 생긴 치킨집이 몇 달 만에 문을 닫았는데, 그 자리에 지금은 카페가 들어왔어요. 아파트 상가에도 문구점이 사라지고 그 자리에 다른 가게가 생겼고요. 몇 년 전에는 많은 가게가 한꺼번에 문을 닫았다가 하나둘 새로 생기기도 했어요. 이런 일은 왜 생기는 건가요?

주변의 상황을 잘 관찰했구나. 계절에 따라 바람이 쌩쌩 부는 때가 있고 햇살이 좋고 무더운 날이 이어질 때가 있듯 나라 경제도 마찬가지로 상태가 끊임없이 변해. 이걸 경기景氣라고 하지.

쉽게 말해서 **경기란 한 국가나 지역에서 생산이나 소비, 기업의 일자리 제공과 같은 경제 활동이 얼마나 활발한지를 나타내는 전체적인 분위기야.** 마치 학교 운동회 때 모든 학급이 활기차게 준비하고 참여하는 것처럼, 나라 전체가 경제적으로 활발하게 움직이면 경기가 좋다고 말하지.

구체적인 예를 들어 볼게. 삼성전자나 현대자동차 같은 우리나라 대기업들이 상품을 잘 팔기 위해 스마트폰이나 자동차를 더 많이 만들어 내고 생산량을 늘리려 노력한다고 생각해 봐. 그러면 더 많은 기계를 도입하고 사람들을 고용하려고 할 거야. 이렇게 고용된 사람들은 더 열심히 일하고 받은 월급으로 자신에게 필요한 것을 소비하고 여가생활을 즐기겠지. 예를 들어 치킨을 시켜 먹거나 영화를 보러 가거나 옷을 사는 식으로 말이야. 사람들이 소비하는 만큼 기업들은 돈을 벌 거고, 다시 고용을 늘리겠지. 이 과정에서 나라 전체의 시장에서 돈이 원활하게 돌지. 우리 몸에 혈액과 영양분이 충분히 공급되는 것처럼 말이야. **이렇게 경기가 활발한 상태를 호경기, 또는 호황이라고 해.**

하지만 반대의 경우도 있어. 2020년 코로나19 상황이나 2008년 금융위기처럼 어떤 이유로든 기업들이 상품 수요를 늘리지 못하는 상황이 오면 고용이 늘기는커녕 일자리를 줄이겠지. 실제로 코로나19 팬데믹 당시 많은 카페나 식당이 영업 제한과 매출 감소로 문을 닫거나 직원을 해고했어. 이렇게 실직한 사람들은 소득이 줄어들어서 필수품 외의 소비는 줄이게 돼. 소비가 줄어들면 기업의 매출도 감소하고, 이는 다시 고용 감소와 투자 축소로 이어지지. 이런 악순환이 반복되면서 **경제 전반의 활동이 위축되는 상황을 경기침체 또는 불황이라고 해.**

경기침체기에는 소비, 투자, 생산 활동이 모두 둔화돼. 주변의 가게가 줄어들고 아르바이트 자리가 줄어드는 것 역시 이런 경기침체의 대표적인 징후야.

이처럼 경기는 나라 전체에 돈이 얼마나 흐르는지와 관련이 있어. 경기가 활발하다는 건 나라 안에 돈이 잘 돈다는 뜻이고,

반대로 경기가 침체되었다는 건 돈이 잘 돌지 않는다는 뜻이지.

그런데 여기서 중요한 점이 있어. 장기적으로 보면 호황이 쭉 이어지는 것도 아니고 불황이 지속되는 것도 아니야. 마치 계절이 봄 → 여름 → 가을 → 겨울을 거쳐 다시 봄으로 돌아오듯이 경기도 일정한 패턴으로 순환해. 이를 '경기순환'이라고 하는데, 다음과 같은 과정으로 반복돼. 회복기에는 경제가 바닥을 치고 난 후 사람들의 소득과 소비가 조금씩 늘고, 물가가 자연스럽게 올라가지. 호황기에는 기업이 투자와 생산을 대폭 늘리고 취업도 쉬워져. 그렇지만 어느 순간 늘어난 생산을 소비가 따라가지 못해서 경기가 위축되기 시작하지. 생산한 물건들이 창고에 쌓이기 시작하는 거야. 이때를 후퇴기라고 해. 그다음 침체기에는 점점 기업의 생산과 투자가 줄어들어서 실업이 늘고 불경기가 와.

이처럼 경제 활동은 나라 안팎의 상황에 따라서 무한히 상승하지도 않고 무한히 하강하지도 않으면서 순환하는 모습을 보여. 역사적으로 보면 호황과 불황이 늘 반복되어 왔지. 그러니까 지금 우리 경제가 어떤 지점에 있는지 파악하는 게 중요해.

오늘 비가 온다는 날씨 예보가 있으면 우산을 챙기듯, 경기를 미리 알면 우리 생활에서도 현명한 선택을 할 수 있어. 새로운 일자리를 구하거나 투자를 시작하거나 소비 규모를 정할 때도 경기를 읽을 줄 알면 도움이 되지.

예를 들어 경기가 좋아질 거라는 신호가 있으면 저축이나 투자 여력이 생기니까 집이나 자동차 구매 계획을 조금 더 적극적으로 세울 수 있어. 반대로 경기 회복이 더딜 거라는 신호를 받으면 '당분간 어려울 것 같으니 조심해야겠다.' 하면서 앞으로 지출을 줄이거나 저축을 늘려 위험에 대비하는 보수적인 재정 계획을 짤 수 있을 거야.

하지만 경제의 온도를 측정하면서 단순한 느낌만을 믿을 수는 없어. '요즘 경기가 안 좋은 것 같아.'라는 막연한 느낌이 아니라 더 정확한 지표를 살펴보는 게 좋겠지.

지금 우리나라의 경기가 어떤 상태인지, 앞으로 어떤 상태일지를 보여 주는 경제 지표로 '경기 종합지수'라는 게 있어. 한국은행과 통계청이 매달 집계해 발표하는 자료인데, 우리나라의 생산과 소비, 투자, 고용 등 경제의 전반적인 흐름을 종합해서 발표하는 수치야. 그 밖에도 경기를 파악하는 데 도움이 되는 주요 지표들이 있어. 주식시장의 상황을 보여 주는 주가지수나 한국은행이 정하는 이자율인 기준금리, 일자리를 구하지 못한 사람들의 비율을 나타내는 실업률, 생활용품의 가격이 오르는 정도를 말하는 소비자물가상승률 등이야.

평소에 이런 수치를 잘 살펴보면서 나라 경제의 흐름이 어떤 방향으로 가는지 파악할 수 있다면 도움이 많이 되겠지? 대학 진학이나 취업 분야를 정할 때처럼 진로를 선택할 때에도, 용돈 관리나 아르바이트 계획 같은 재정 계획을 세울 때도 경제 지표를 이해하고 있으면 더 현명한 판단을 내릴 수 있어.

돈을 많이 쓰면
경제가 좋아질까, 나빠질까?

부모님은 항상 돈을 아껴 쓰라고 하시는데, 뉴스에서는 사람들이 돈을 안 써서 경제가 안 좋아졌다고 하잖아요? 뭐가 맞는 말인지 헷갈려요. 돈은 쓰는 게 좋은 건가요, 안 쓰는 게 좋은 건가요? 용돈으로 옷이나 간식을 사면 경제에 어떤 영향을 미치나요? 경제에 좋은 영향을 주나요, 아니면 나쁜 영향을 주나요?

옛날에는 절약과 저축이 훌륭한 행동, 즉 미덕으로 여겨졌어. 하지만 요즘 뉴스를 보면 사람들이 돈을 너무 아껴 써서 경제에 문제가 생겼다고 하잖아. 왜 이렇게 달라진 걸까? 이 질문에 답하려면 자본주의라는 경제 시스템을 이해하는 게 중요해.

자본주의는 마치 자전거 바퀴처럼 돌아가는 시스템이야. 자전거가 앞으로 나가려면 페달(생산), 체인(소비), 바퀴(투자)가 서로 맞물려 부드럽게 움직여야 해. 페달을 너무 천천히 밟거나 체인이 끊어지면 자전거가 멈추듯, 경제도 생산, 소비, 투자가 균형을 잃으면 문제가 생겨.

예를 들어, 사람들이 물건을 사지 않으면 가게는 돈을 못 벌고, 가게가 돈을 못 벌면 직원을 줄이거나 문을 닫을 수도 있어. 그러면 직원들은 월급을 못 받아 다른 가게에서 돈을 쓰지 못하고, 결국 경제 활동 전체가 느려져. 돈의 흐름이 막히는 거지.

과거, 그러니까 1960~70년대 대한민국처럼 경제가 막 성장하기 시작할 때는 저축이 정말 중요했어. 왜냐하면 공장, 다리,

도로 같은 큰 시설을 짓기 위해 돈이 많이 필요했거든. 사람들이 은행에 돈을 저축하면, 그 돈을 기업이 빌려서 공장을 짓고, 그러면 일자리가 생기고 경제가 성장했어.

하지만 경제가 어느 정도 성장하고 나면, 저축 못지않게 소비도 중요해져. 왜냐하면 사람들이 돈을 안 쓰면 가게와 기업이 돈을 못 벌기 때문이지. 예를 들어, 네가 용돈으로 치킨을 안 사 먹으면 치킨집 사장님이 돈을 못 벌고, 치킨집 사장님이 재료를 사지 않으면 농장 운영자도 돈을 못 벌어. 결국 모두가 돈을 쓰지 않으면 경제가 멈춘 것처럼 느려지고 말지.

이런 상황을 '저축의 역설'이라고 불러. 저축을 하는 건 개인적으로 똑똑한 선택이지만, 모두가 저축만 하면 경제 전체에 돈이 돌지 않아서 경기가 나빠질 수 있어. 실제로 2008년 세계 금융위기 때, 사람들이 돈을 안 써서 많은 가게와 기업이 어려움을 겪었지.

　　그렇다고 소비가 항상 좋은 것만은 아니야. 사람들이 감당할 수 없을 정도로 돈을 많이 쓰면 물가가 올라가거나 경제가 너무 과열되어서 문제가 생길 수 있어. 예를 들어, 모두가 흥청망청 돈을 쓰고 더 나아가 돈을 빌리면, 나중에 빚을 갚지 못해서 경제가 흔들릴 수 있어. 실제로 2000년대 초반, 미국에서 사람들이 집을 사려고 너무 많은 빚을 졌다가 큰 경제 위기가 온 적이 있지. 이런 때는 저축과 절약이 오히려 경제를 안정시키는 데 도움이 돼.

　　소비가 경제에 좋은지 나쁜지는 나라 경제가 어떤 상황인지에 따라 달라져. 경기가 침체되고 사람들이 일자리를 잃고 있다면, 용돈으로 간식을 사거나 친구와 영화 한 편 보는 게 경제에 활력을 줄 수 있어. 하지만 경제가 너무 과열되어서 물가가 치솟고 있다면, 조금 아껴 쓰는 게 더 도움이 돼. 중요한 건 저축과 소비의 균형이야. 네 용돈을 똑똑하게 쓰면 경제에 보탬이 될 수 있는 거지!

나라에 돈이 부족하다면, 돈을 더 찍어 내면 되지 않나?

뉴스에서 경제가 어렵다고 하고, 사람들이 돈이 없어서 물건을 못 산다고 하잖아요. 우리 동네 가게 아저씨도 요즘 손님이 줄어서 걱정이라고 했거든요. 나라에 돈이 부족하면, 그냥 돈을 더 찍어서 사람들에게 나눠 주면 되지 않을까요? 그러면 다들 돈을 써서 경제가 다시 좋아지지 않을까요?

정말 재미있는 질문이야! 나라에서 돈을 더 찍어서 모두에게 나눠 주면 어떤 일이 생길까? 언뜻 생각하면 다들 부자가 되었으니 물건을 더 많이 살 테고, 경제가 활기를 띨 것 같지? 예를 들어, 네가 갑자기 용돈을 두 배로 받아서 치킨, 피자, 게임 아이템을 마구 사면 기분이 좋아지는 것처럼 말이야. 하지만 이렇게 돈을 마구 찍어 내면 부작용이 생길 수 있어.

네가 치킨집에서 치킨을 사려고 할 때를 생각해 봐. 치킨집에 치킨은 열 마리밖에 없는데, 갑자기 동네 사람들이 돈이 많이 생겨서 100마리를 사려고 몰려들면 어떻게 될까? 치킨집 사장님은 치킨 가격을 올릴 거야. 예를 들어, 원래 1만 원이던 치킨이 2만 원, 3만 원으로 띌 수도 있어. 이렇게 **물건 수는 그대로인데 돈만 많아지면 물건 가격이 올라가. 이걸 '인플레이션 inflation'이라고 불러.** 물가가 오르는 거지.

인플레이션이 무조건 나쁜 건 아니야. 경제가 활발히 돌아갈 때 사람들이 물건을 많이 사고, 기업이 더 많이 생산하면서 원

재료 값이나 직원 월급이 오르면 자연스럽게 물가도 조금씩 올라가거든. 예를 들어, 네가 좋아하는 과자 회사에서 새 공장을 짓고 직원을 더 뽑으면, 과자 가격이 조금 오를 수 있어. 하지만 이건 사람들이 더 많은 돈을 벌고 있으니까 괜찮은 경우야.

문제는 인플레이션이 짧은 순간에 급격하게 나타나는 경우야. 특히 **상품과 서비스 가격이 한 달 안에 50% 이상 오르는 경우를 초인플레이션**Hyper inflation**이라고 이야기해**. 정부가 돈을 너무 많이, 너무 빨리 찍어 내면 엄청나게 물가가 상승하는 초인플레이션이 발생할 수 있어. 예를 들어, 오늘 1,000원인 빵이 다음 달에는 1,500원이 넘고, 그다음 달에는 2,250원이 넘는 거지. 그러면 네 용돈으로는 아무것도 못 사게 돼.

초인플레이션이 발생하면
어떤 일이 생길까?

시장에 돈이 너무 많으면 모두가 부자가 되는 게 아니라, 오히려 돈의 가치가 폭락해서 생활이 더 어려워질 수 있어.

역사적으로 이런 일이 실제로 있었어. 1920년대 독일은 1차

세계대전 후에 전쟁 배상금을 갚으려고 돈을 마구 찍었어. 그 결과, 빵 한 덩어리 가격이 1922년에는 160마르크였는데, 1923년에는 2,000억 마르크까지 치솟았어! 사람들이 돈을 손수레에 싣고 가야 빵 하나를 살 수 있었을 정도야. 이건 마치 네가 용돈 1,000원을 들고 편의점에 갔는데, 초콜릿 하나를 사려면 1억 원이 필요해진 상황과 비슷해.

비교적 최근에도 이런 일이 있었어. 아프리카 짐바브웨에서는 2008년에 물가가 한 달에 796%씩 오를 정도로 초인플레이션이 심했어. 상점에서 가격표가 하루에도 몇 번씩 바뀌었고, 사람들은 생필품조차 구하기 힘들었어. 한때 막대한 석유 매장량 덕분에 부유했던 베네수엘라도 2018년에 물가가 13만%가량 오르면서 돈의 가치가 거의 쓰레기 수준으로 떨어졌어. 결국 베네수엘라 국민은 자국의 화폐 대신 미국 달러를 쓰기도 했단다.

이런 사태를 막으려면 시중에 풀린 돈의 양, 그러니까 통화량을 적절히 조절해야 해. 비가 지나치게 많이 내리면 강물이 흘러넘쳐 모든 것이 휩쓸려 가는 것처럼 나라에 통화량이 너무 많으면 물가가 치솟고 돈의 가치가 떨어져서 모두가 힘들어져. 그리고 반대로 가뭄 때처럼 통화량이 말라 버리면 경기가 침체

되고 사람들의 일자리가 부족해지지. 그래서 중앙은행은 통화량을 세심하게 조절하려고 노력해.

예를 들어, 경제가 어려울 때 한국은행은 돈을 조금 더 풀어서 사람들이 물건을 살 수 있게 도와줄 수 있어. 하지만 너무 많이 풀면 초인플레이션처럼 큰 문제가 생길 수 있으니, 마치 요리할 때 소금 양을 조절하듯 아주 신중하게 해야 해.

결론적으로, 나라에서 돈을 더 찍어 내면 경제를 살리는 데 도움이 될 수도 있지만 그 양이 너무 많으면 물가가 치솟아서 오히려 모두의 생활이 어려워질 수 있어. 중앙은행이 세심한 통화 정책으로 균형을 맞춰야 경제가 건강하게 돌아가고, 모두가 안정적으로 살 수 있는 거야!

은행은 왜 우리 돈을 보관해 줄까?

용돈을 모아서 은행에 저축하려고 하는데 문득 궁금해졌어요. 은행은 왜 우리 돈을 맡아 주는 건가요? 그리고 돈을 빌려주기도 하던데, 이런 일은 은행에서만 할 수 있는 건가요? 같은 일을 하는 다른 기관은 없나요?

　　은행이 돈을 빌려주고 맡아 주는 이유가 궁금한 거구나. 생각해 보면 자금에도 공급과 수요가 있어. 쓸 만큼 쓰고도 돈이 남는 사람이 있는가 하면, 반대로 집을 사느라 혹은 사업상 돈이 필요한 사람이 있지. 그래서 여유가 있는 사람에게서 필요한 사람에게로 돈이 흐를 수 있도록 하는 은행이 필요한 거야. 돈이 남는 사람에게서는 돈을 받고(저축), 돈이 필요한 사람에게는 돈을 빌려주는(대출) 거지.

　　이 과정에서 중요한 것이 이자율, 즉 금리金利야. **금리는 돈을 빌리거나 맡길 때 붙는 '돈의 가격'이야.** 물건을 살 때 값을 치르듯, 돈을 빌릴 때는 이자를 내고, 돈을 맡길 때는 이자를 받아. 예를 들어, 은행에서 돈을 빌리면 원금에 일정 비율의 이자를 붙여서 갚아야 해. 네가 1년 동안 3%의 금리로 은행에 100만 원의 예금을 맡기면 1년 후에 103만 원을 받게 돼. 5%의 금리로 은행에서 100만 원을 빌렸다고 가정하면 1년 후에 100만 원의 5%인 5만 원을 이자로 추가해서 총 105만 원을 돌려줘야 하지.

그런데 보통 고객이 예금을 맡길 때의 이자보다 고객이 대출을 할 때의 이자가 더 높은 편이야. 그 차이만큼 은행이 이득을 얻어서 운영을 계속할 수 있는 거지. 예를 들어 예금 이자가 3%이고 대출 이자가 5%라면, 은행은 그 2%의 차이로 수익을 얻는 거야. 은행은 돈을 맡기고 빌리는 사람 모두에게 이익이 되게 하면서, 자신도 이익을 얻는 '돈의 중간다리' 역할을 하는 거야.

이렇게 남는 돈을 필요한 곳으로 흐르게 하는 것을 금융(金融)이라고 해. 은행 말고도 금융 기관은 다양하게 존재해. 증권회사는 주식 거래를 도와주고, 보험회사는 보험료를 받아 보장을 제공하며, 저축은행이나 신용협동조합 같은 곳도 예금과 대출 업무를 해. 이런 기관들은 모두 자금이 남는 사람(자금 공급자)에게서 돈을 받아 자금이 필요한 사람(자금 수요자)에게 공급하고 그 대가로 이자나 수수료를 받는 금융업을 하고 있지.

그러니까 금융은 우리 몸의 혈관과 비슷하다고 생각하면 돼. 혈관이 온몸에 피를 흐르게 하듯, 금융 기관들은 경제 전체에 돈이 흐르게 하는 역할을 하거든. 시중 은행은 그 금융의 주축이 되는 기관 중 하나인 거야.

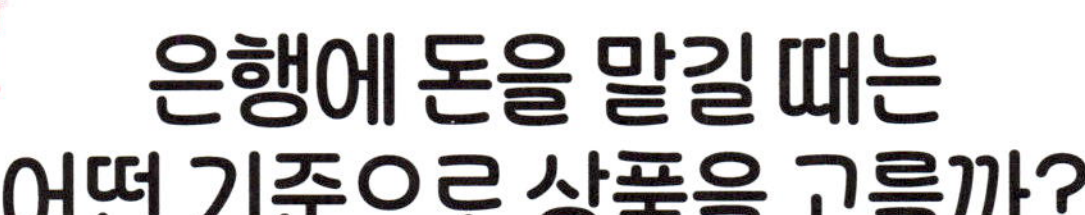

용돈을 모아서 은행에 저축하러 갔는데, 예금이나 적금 같은

상품이 너무 많아서 어떤 걸 선택해야 할지 모르겠더라고요.

무엇을 어떤 기준으로 골라야 하나요?

은행 상품이 많아서 고민이 됐구나. 금융 상품을 선택하는 건 온라인 쇼핑몰에서 노트북이나 스마트폰을 사는 것과 비슷해. 상품을 고를 때 우리는 보통 내가 이 물건을 어디에 어떻게 쓸지를 생각하고, 가격이나 성능을 살펴본 후에 결정하잖아. 금융 상품도 마찬가지야. 내가 돈을 맡기는 목적을 알아야 하고, 상품의 종류나 특징도 명확하게 알아 두는 게 중요해.

예금과 적금은 모두 은행 같은 금융 기관에 돈을 맡기고 이자를 받는 저축 상품이야. 그렇지만 돈을 맡기는 방식이나 목적, 실제로 이자를 받는 방법에는 차이가 있어. 어린 시절에 돼지 저금통에 돈을 조금씩 모아 두던 게 기억나지? 그때처럼 **일정 기간에 매달 일정 금액을 차곡차곡 저축하는 방식을 적금이라고 해.** 돈을 조금씩 모아서 목돈을 만들기 위한 수단으로 좋지. 예를 들어, 네가 만약 용돈을 매달 5만 원씩 은행에 넣어 두고 1년 뒤에 원금과 이자까지 받고 싶다면, 적금을 들면 돼.

반면 한 번에 큰 금액(목돈)이 생겨서 이 목돈을 불리고 싶을 때는 예금 상품을 이용하는 게 좋지. 예를 들어 주변 어른들에게 받은 용돈을 모아 보니 총 100만 원이나 됐어. 이런 목돈을 어디에 둘지 고민될 때는 예금을 드는 게 좋아. 예금에는 크게 두 가지 종류가 있어. 보통예금처럼 입금과 출금이 자유롭지만 이자가 적은 상품이 있고, 반대로 중간에 돈을 출금하지 않고 목돈을 일정 기간 맡겨 두고 더 높은 이자를 받는 정기예금이 있지. 보통은 맡겨 놓는 기간이 길수록 은행이 주는 이자도 커져.

같은 금리라면, 적금보다 예금이 실제로 받는 이자가 더 많아. 왜냐하면 예금은 처음부터 목돈 전체에 대한 이자를 받지만, 적금은 매달 조금씩 넣기 때문에 나중에 넣은 돈은 이자를 받는 기간이 짧거든. 하지만 예금이든 적금이든 정해 놓은 기간이 끝나기 전에 인출을 하면 이자를 아예 못 받거나 이자가 줄어들기 때문에 처음부터 신중하게 선택할 필요가 있어.

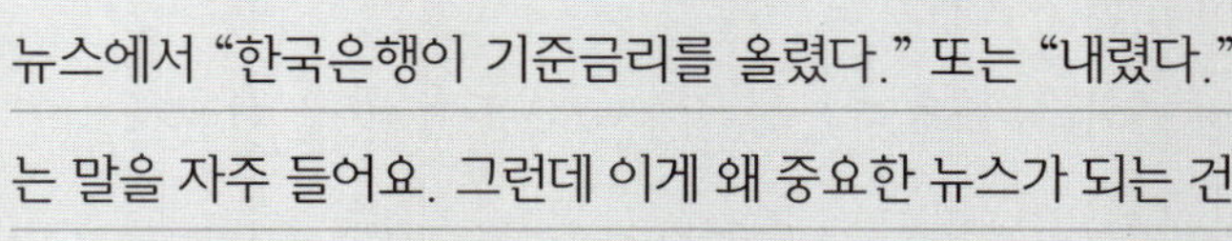

뉴스에서 "한국은행이 기준금리를 올렸다." 또는 "내렸다."

는 말을 자주 들어요. 그런데 이게 왜 중요한 뉴스가 되는 건

가요? 기준금리가 뭔지도 잘 모르겠어요.

기준금리라는 말을 뉴스에서 들었구나. 경제 뉴스에 자주 오르내리는 단어지.

기준금리는 **한국은행에서 정하는 우리나라 모든 금리의 기준이 되는 이자율이야.** 쉽게 말해서, 한국은행이 시중 은행들에게 돈을 빌려줄 때 적용하는 이자율인데, 이것이 우리나라 전체 금리의 출발점 역할을 하지.

예금이나 적금은 상품마다 이자율(금리)이 제각각 다르지만, 이자율을 제멋대로 정하지는 않고 모두 기준금리를 바탕으로 해서 정해. 예를 들어 기준금리가 3%라면, 은행 예금 금리는 2.5%, 대출 금리는 4~5% 하는 식으로 기준금리를 중심으로 각각의 금리가 결정되는 거지.

기준금리는 우리 생활에도 직접적으로 영향을 끼쳐. 만약 부모님이 집을 살 때 은행에서 대출을 받으셨다면, 기준금리가 오르면 시중 은행의 대출 이자율도 높아져서 매달 내야 하는 이자 부담이 커져. 반대로 기준금리가 낮아지면 그 부담이 줄어들지.

이렇게 많은 사람에게 영향을 끼치니 뉴스에 기준금리 얘기가 자주 나오는 거야.

기준금리가 바뀌면
무엇이 더 변할까?

기준금리는 나라 경제에도 큰 영향을 줘. 기준금리가 올라가면 은행 대출 금리도 따라서 올라간다고 했잖아. 예를 들어, 은행에서 돈을 빌려 아파트나 사업자금을 마련하려고 하는데, 금리가 3%에서 5%로 올랐다고 생각해 봐. 돈을 빌릴 때의 비용이 커지는 거니까 사람들은 쉽게 은행 대출을 받으려고 하지 않아. 대신 은행에 저축을 하면 이자가 늘어나니 돈을 은행에 맡기려는 사람이 많아지지. 결국 주식이나 부동산을 구매하려는 사람은 줄어들고, 돈도 덜 쓰게 되지. 기업도 투자를 줄여서 경기가 침체될 수 있어.

반대로 금리가 내려가면 은행에서 돈을 빌리는 비용이 적어지니 대출을 받아서 주식이나 부동산을 구매하려는 사람이 많아질 거야. 은행에 예금을 해도 받는 이자가 적어서 큰 이득이 안 되니 사람들이 저축을 줄이고 투자와 소비를 늘리지. 이렇게 되면 침체된 경기가 살아날 수 있어.

이렇게 금리에 따라 국민의 소비와 투자의 방향, 나라의 경제 상황이 바뀌다 보니 한국은행은 기준금리를 통해 경제의 온도를 조절하려 해. 보통 경기가 좋지 않아 소비나 투자가 부진할 때 한국은행은 기준금리를 내려서 경기를 살리려 하고, 반대로 경기가 과열되어 물가 상승 문제가 생길 때는 기준금리를 올려서 소비나 투자를 줄이려 하지.

이렇게 기준금리는 에어컨의 온도 조절 버튼처럼 국가 경제의 온도를 조절하는 역할을 해. 그래서 한국은행이 기준금리를 올리는지 내리는지 살펴보면, 앞으로의 경제 상황이나 정부의 경제 정책 방향도 예측할 수 있어.

은행은 어떻게
그 많은 돈을 빌려줄까?

은행에 가보면 정말 많은 사람이 대출을 받고 있던데, 은행은 어디서 그렇게 많은 돈을 구해서 빌려주는 건가요? 우리가 맡긴 예금만으로도 충분한 건가요?

은행 금고에 돈이 얼마나 쌓여 있기에 기업이나 개인 고객에게 돈을 빌려줄 수 있는지 궁금하지? 놀랍게도 은행은 실제로 존재하는 돈보다 더 많은 돈을 만들어 낼 수 있는 특별한 능력을 가지고 있어. 은행 금고에 돈을 많이 쌓아 놓지 않고도 예금과 대출을 반복하면서 실제 존재하는 돈(현금)보다 훨씬 더 많은 돈(예금통화)을 만들어 내거든.

간단한 예시를 들어서 설명해 볼게. 네가 은행에 100만 원을 예금했다고 생각해 봐. 은행은 이 100만 원 중에 일부, 예를 들어 10만 원만 보관해 두고 나머지 90만 원은 영희에게 대출해 줘. 이게 가능한 이유는 모든 사람이 예금을 한 번에 찾는 경우가 적기 때문이야. 영희는 연 10%의 이자를 내기로 하고 돈을 빌려 가지.

그 후에 영희가 대출받은 90만 원으로 빵을 산다고 해보자. 그러면 빵 가게 주인은 영희에게서 받은 90만 원을 다시 자기 은행 계좌에 입금하지. 그러면 은행은 빵 가게 주인의 90만 원

중 다시 10%인 9만 원을 보관해 두고 81만 원을 또 다른 사람에게 대출해 줘. 이 과정이 반복되고 또 반복되면 네가 맡긴 100만 원으로 시작했지만, 결국 사회 전체에 유통되는 돈의 양은 훨씬 많아지는 거야.

이렇게 은행이 예금을 받아 일부만 남기고 나머지를 고객들에게 대출해 주면서 새로운 돈을 시중에 만들어 내는 것을 신용창조信用創造라고 해. 중앙은행이 돈을 더 발행한 것도 아닌데 은행을 거쳐 돈이 시중에 돌아다니면서 없던 돈이 새롭게 만들어지는 것처럼 보이는 거야. 이렇게 은행은 받은 돈의 일부만 남기고 나머지를 빌려주면서 돈을 불려서 사회에 더 많은 돈이 돌게 하는 역할을 해.

물론 은행도 갑자기 고객이 몰려와서 많은 돈을 인출할 수 있으니 만약의 사태에 대비해 최소한의 현금을 확보해 두어야 해. 그래서 은행이 반드시 준비해 둬야 하는 일정 비율의 돈을 지급준비금이라고 해. 시중 은행의 지급준비율 역시 한국은행에서 결정하지.

만약 A은행에 고객이 맡긴 10억 원의 예금이 있다고 생각해 봐. 만약 지급준비율이 7%라면 7,000만 원은 중앙은행에 예치

해 둬야 해. 은행은 나머지 9억 3,000만 원만 대출 등으로 운용할 수 있어. 한국은행이 지급준비율을 10%로 늘릴 수도 있겠지? 그런 경우에는 은행이 대출해 줄 수 있는 돈이 줄어들고, 반대로 지급준비율이 줄면 대출금이 늘어나. 이렇게 지급준비율을 조절하면 나라 전체에 돈이 얼마나 돌지를 결정할 수 있어. 이 지급준비율 역시 중앙은행 입장에서는 국가 경제의 온도를 조절하는 도구인 거야.

나라 경제에 큰 영향을 준다는데, 관세가 대체 뭘까?

뉴스에서 "미국이 중국 제품에 관세를 올렸다."는 말이 자주 들려요. 관세가 얼마나 중요한지 '관세 전쟁'이라는 말까지 하더라고요. 특히 우리나라 경제에도 관세가 미치는 영향이 크다던데, 관세가 대체 무엇이고 경제에 어떤 영향을 미치나요?

관세는 외국에서 우리나라로 수입되는 물건에 붙는 세금을 말해. 국경 앞에 세워진 요금소라고 생각하면 돼. 예를 들어, 유니클로 옷이 일본에서 우리나라에 들어올 때 그 옷값에 추가로 붙는 세금이 관세야. 쉽게 말해서, 외국 제품을 우리나라에서 팔려면 원래 가격에 세금을 더 내야 하는 거지.

그런데 국가끼리 무역을 할 때 왜 이런 세금을 붙이는 걸까? 첫 번째 이유는 국내 산업을 보호하기 위해서야. 만약 수입품이 너무 싸게 들어오면, 우리나라 회사들이 만든 제품은 잘 팔리지 않겠지? 예를 들어, 유니클로의 티셔츠가 2만 원인데 비슷한 품질의 국내 의류회사 옷이 2만 5,000원이라면 사람들은 대부분 더 저렴한 외국산 옷을 구매하겠지. 이럴 때 관세 7,000원을 붙여서 외국산 티셔츠 가격을 2만 7,000원으로 만들면 국내 제품도 가격 경쟁에서 이길 수 있는 기회를 얻을 수 있어.

두 번째 이유는 국가 예산을 마련하기 위해서야. 관세도 일종의 세금이기 때문에, 외국에서 물건이 들어올 때마다 나라에 돈이 들어와. 이 돈은 도로나 학교, 복지 같은 다양한 공공 서비스에 쓰이지.

세 번째로, 관세는 단순히 국가의 수입을 늘리거나 자국의 산업을 보호하는 경제적 목적을 넘어서서 국제 정치에서 상대국을 압박하거나 협상력을 높이기 위한 일종의 정치적 무기로도 사용돼. 만약 어떤 나라가 우리나라에 불리한 무역 조건을 내걸거나 자꾸 규칙을 어긴다면, 우리도 그 나라 제품에 관세를 높이는 방식으로 대응할 수 있는 거지.

관세가 나라 사이의 힘겨루기에 이용되는 대표적인 예가 미국과 중국 사이의 관세 전쟁이야. 두 나라는 2018년부터 서로의 주요 수출품에 높은 관세를 부과해 왔어. 이때 중국은 미국산 농산품과 자동차에, 미국은 중국산 전자제품과 철강에 높은 관세를 매겼지. 미국이 중국산 특정 제품에 최대 100%가 넘는 관세를 부과한 적도 있어. 최근에는 트럼프 대통령이 다시 집권하면서 두 나라의 관세를 둘러싼 갈등이 더욱 첨예해지고 있어. 또한 유럽연합이 성장촉진 호르몬을 사용한 미국산 쇠고기 수입을 금지하니까 미국이 유럽산 치즈와 와인에 보복관세를 부과한 것도 비슷한 사례야.

관세는 우리 일상생활과도 밀접한 관련이 있어. 미국에서 수입하는 스마트폰의 관세가 50%로 오른다고 생각해 봐. 그러면 스마트폰 가격이 크게 오르겠지. 이런 식으로 다양한 수입품에 높은 관세를 부과하면 해당 제품의 가격이 모두 상승할 거야. 또한 원자재나 부품의 수입 가격도 함께 오르면서 국내에서 생산하는 제품의 제조 비용까지 증가할 수 있어. 결국 수입품뿐만 아니라 국산품 가격도 함께 올라 전반적인 물가 상승으로 이어져서 우리의 생활비 부담이 커질 거야.

관세 정책은 국가의 수출입 구조나 무역의 적자와 흑자, 주식 가격에도 광범위하게 영향을 미칠 수 있어. 예를 들어 우리나라를 대상으로 한 무역 갈등이나 보복관세 때문에 우리나라 기업의 해외 진출이나 수출이 위축되어서 경제 성장에 걸림돌이 될 수 있어.

관세는 우리의 소비 생활뿐만 아니라 국내 산업, 금융시장, 재테크에까지 큰 영향을 미칠 수 있으니, 평소에 관세 관련 뉴스를 주의 깊게 보는 게 좋아.

왜 달러가 세계에서 가장 힘센 돈이 되었을까?

뉴스에서 "달러가 올랐다."거나 "원-달러 환율이 떨어졌다."는 말을 자주 듣는데, 달러가 뭐길래 이렇게 중요하게 다루나요? 예전에 달러 가격이 많이 오르는 바람에 IMF 외환위기가 왔다고 하던데, 정말 달러 가격이 우리나라에 그렇게 큰 영향을 미치나요? 그리고 달러 가격의 변화는 우리 생활에 어떤 변화를 가져오나요?

　달러 가격의 중요성을 살펴보기 전에 환율에 대해 먼저 설명해 줄게. **환율이란 쉽게 말해 다른 나라 돈의 가격이야.** 다른 나라를 여행할 때는 원화를 바로 사용할 수 없으니까, 그 나라 돈을 사잖아. 이런 과정을 환전이라고 해. 예를 들어서 1달러가 1,300원이라면 우리 돈 1,300원을 1달러로 환전할 수 있지. 이때 환율은 1달러당 1,300원이야. 즉 환율은 우리 돈으로 외국 돈 1단위를 사는 데 필요한 가격을 나타내는 거지. 환율이 오르면 외국 돈이 비싸진다는 뜻이고, 환율이 내리면 외국 돈이 싸진다는 뜻이야.

　환율은 우리 생활에도 꽤 큰 영향을 줘. 네가 며칠 후에 미국에 여행을 가기로 했는데, 환율이 1,200원에서 1,300원으로 오른다고 생각해 봐. 여행 경비로 1,000달러가 필요해서 은행에 환전을 하러 갈 때 예전에는 120만 원만 들고 가면 됐는데, 이젠 130만 원을 환전해야 해. 미국 달러뿐 아니라 유로화나 엔화도 환율이 올라가면 비슷한 일이 벌어지지.

그런데 유독 달러 가격이 뉴스에서 자주 다뤄지는 이유는, 달러가 단순히 미국 돈만을 뜻하는 것이 아니라 전 세계 경제의 흐름을 보여 주는 지표이기 때문이야. 달러는 세계에서 가장 널리 쓰이는 돈이고, 무역을 할 때 대부분의 나라가 달러로 거래를 하거든.

이렇게 국제적으로 쓰이는 통화 중에서도 **가장 핵심적이고 널리 사용되는 통화를 기축통화라고 해**. 기축통화는 일반적인 화폐 기능뿐 아니라 다른 화폐의 가치를 결정하는 기준이 돼. 세계 외환 거래의 85%가 달러로 이루어지고, 각국의 중앙은행이 보유하고 있는 자산 중에도 달러로 표시된 자산 비율이 높지. 예를 들어, 우리나라 기업이 중동에서 석유를 사 오거나 유럽에 반도체를 수출할 때도, 달러로 가격을 정하고 돈을 주고받는 경우가 많아.

그렇기 때문에 달러의 가치가 오르거나 내리는 일은, 곧 한국 경제를 포함한 세계 경제에 직접적인 영향을 줘. 만약 달러 값이 1,200원에서 1,300원으로 오르면 우리나라의 수출과 수입에 어떤 일이 벌어질지 상상해 봐. 한국이 미국에 스마트폰을 수출해서 1,000달러를 벌었다고 해보자. 환율이 올라가면 원화로 바꿨을 때 더 많은 돈을 벌게 돼. 수출을 하는 기업에는 단기적으로 희소식이겠지? 반면 외국에서 원자재나 식량을 들여오는 기업에는 불리할 수 있어. 달러로 결제해야 하는 금액이 늘어나서 부담이 커지지. 이 부담이 고스란히 우리나라의 물가 상승으로 이어지기도 해.

달러 가격은 무역뿐만 아니라 전 세계 투자에도 큰 영향을 미쳐. 세계의 투자자들은 돈의 흐름을 살펴보고 투자 수익을 많이 얻을 수 있는 곳으로 자금을 움직이는데, 미국의 금리가 높아지고 달러가 강세를 보이면, 수익률을 높이기 위해 미국에 돈을 넣어 두겠지. 그래서 전 세계에 투자된 돈이 다시 미국으로 돌아갈 수 있어. 전 세계 투자금이 미국으로 몰리니 한국을 포함한 신흥국의 주식시장이나 부동산 시장이 위축될 수 있고, 환율이 급격히 변동하면서 경제 전체가 흔들릴 수 있지.

결국, 달러 가격은 물가, 수출입, 기업 실적, 금융시장 등과 깊게 연결되어 있어. 단순히 환율 정보 이상의 중요한 뉴스거리가 되는 이유야. 달러의 변동은 작은 움직임처럼 보이지만, 그 영향은 매우 클 수 있어.

우리나라의 과거 사례를 봐도 쉽게 알 수 있어. 외환위기가 일어났던 1997년에는 달러 가격이 900원 대에서 1,900원으로 급격히 뛰어올랐어. 그만큼 달러가 비싸지고 원화 가치가 떨어진 거지. 이로 인해 석유나 원자재 가격이 올라서 제조업을 하는 기업들의 생산비가 늘어났어. 비용이 많이 들다 보니 수익을 제대로 낼 수 없어서 연쇄적으로 도산하기 시작했고, 기업이 도산하자 사람들이 한꺼번에 일자리를 잃는 상황이 벌어졌지.

기름값이나 수입 전자제품 가격이 오르면서 일반 가정에서도 생활비가 크게 늘어났어. 대량 해고 사태에 물가 상승까지 겹쳐서 많은 국민이 고통 속에 빠진 거야. 해외에 달러로 빚을 진 기업이나 정부도 환율이 올라가니 갚아야 할 빚이 두 배 이상 늘어나서 외채 부담이 커졌지. 국민 생활 전반이 충격을 받은 거야.

이렇게 환율이 나라 경제에 미치는 영향이 크다는 걸 외환위기를 겪으면서 많은 사람이 깨달았어. 그래서 달러 가격을 다들 관심 있게 지켜보는 거야.

돈, 어떻게 관리해야 할까?

돈을 많이 벌어도
왜 아껴 써야 할까?

얼마 전에 형이 학교를 졸업하고 직장에 들어갔어요. 매달 적지 않은 돈을 월급으로 받는데도 부모님은 "번다고 버는 대로 쓰면 안 된다, 지금 아껴 써야 한다."고 늘 잔소리를 하세요. 왜 그렇게 아껴 써야 한다고 신신당부를 하시는 걸까요?

부모님이 너무 절약만 강조하면 조금 의아하고 답답한 마음이 들 수도 있어. 특히 친구들은 자유롭게 쓰는 것 같은데 나만 제약을 받는다고 느낄 때는 더욱 그렇지. 하지만 돈을 아껴 쓰라는 말을 단순한 잔소리로 들으면 곤란해. 절약은 미래를 더 안정적이고 행복하게 만들어 줄 수 있는 중요한 습관이거든.

요즘 많은 사람이 SNS에 멋진 옷, 맛있는 음식, 여행 사진을 올리지. 그런 걸 보면 따라 하고 싶은 마음이 생기는 것도 당연해. 하지만 그런 소비를 따라가다 보면 정작 중요한 순간에 돈이 없어서 낭패를 볼 수도 있어.

우리가 돈을 평생 벌 수 있을까?

경제학자 프랑코 모딜리아니Franco Modigliani와 공동 연구자 앤도Albert Ando가 내놓은 '생애주기 가설'이라는 이론을 통해 쉽게 설명해 볼게. 이 이론은 우리가 평생 벌 돈을 생각하면서 소비와 저축을 계획해야 한다고 주장해. 예를 들어, 중학생인 지금은 용돈이나 부모님 도움으로 생활하지? 성인이 되어 첫 직장을 잡으면 월급이 생기지만, 처음엔 액수가 적을 거야. 그래도 경력이 쌓이면 소득이 늘어나고, 30~40대가 되면 돈을 제일 많이 벌게 돼. 하지만 결혼하거나 아이를 키우면 그만큼 돈이 많이 들어. 나중엔 은퇴해서 소득이 줄어들 수도 있지. 그래서 지금 돈을 아껴서 저축하라는 거야. 그러면 나중에 큰돈이 필요할 때 훨씬 여유롭게 선택을 할 수 있을 거야. 집을 산다거나 자녀를 교육시키거나 치료를 받거나 할 때 말이지.

이 이론을 곱씹다 보면 단기보다 '평생', 그리고 '미래'를 기준으로 소비를 계획해야 한다는 걸 알 수 있어. 누구나 어떤 시기엔 빚도 질 수 있고, 일을 그만둬야 할 수도 있거든. 그래서 '합리적인 경제인'이라면 내가 감당할 수 있는 범위 내에서 돈을 쓰고 미래도 대비하면서 소비를 하는 태도가 중요해.

이번에는 주변에서 쉽게 볼 수 있는 사례를 하나 들어 볼까? 친구 지민이는 중학생 때 매달 용돈 3만 원 중 1만 원을 저축했어. 그리고 1년 뒤에는 모은 돈으로 원하던 게임기를 사고도 돈이 남았어. 지민이가 얼마나 뿌듯할지 짐작이 가지? 반면, 용돈을 받는 대로 써버린 민호는 게임기를 가지고 노는 지민이를 부러워하며 후회했어. 이처럼 지금 아껴 쓰는 습관은 미래에 네가 원하는 걸 이루는 데 큰 도움이 돼.

저축이 꼭 먼 미래만을 위한 일일까?

요즘 MZ세대는 지금 당장 즐기는 걸 중요하게 생각하기도 해. '아끼기만 하다가 갑자기 무슨 일이 생겨서 돈은 써보지도 못하게 되면 허무하지 않냐.'는 생각을 하기도 하지. 하지만 저축은 꼭 '미래만을 위한 것'은 아니야. 예를 들어, 저축한 돈으로 친구들과 멋진 카페에서 시간을 보내거나, 취미 생활에 투자할 수도 있어. 즉 저축은 '지금'과 '미래'를 모두 즐겁게 해주는 똑똑한 선택이야.

너도 매주 용돈의 20~30%를 저금해서, '3개월 뒤에 좋아하는 책 사기' 같은 작은 목표를 세워 볼 수 있어. 그리고 저축한 돈으로 뭔가를 샀을 때 그 기쁨을 노트에 적어 보면 더 큰 동기

부여가 될 거야. 이렇게 조금씩 아끼는 연습을 하면, 나중에는 더 큰 꿈을 이룰 수 있을 거야. 부모님 말씀이 잔소리 같아도, 결국엔 우리를 위한 말이라는 걸 잊지 마!

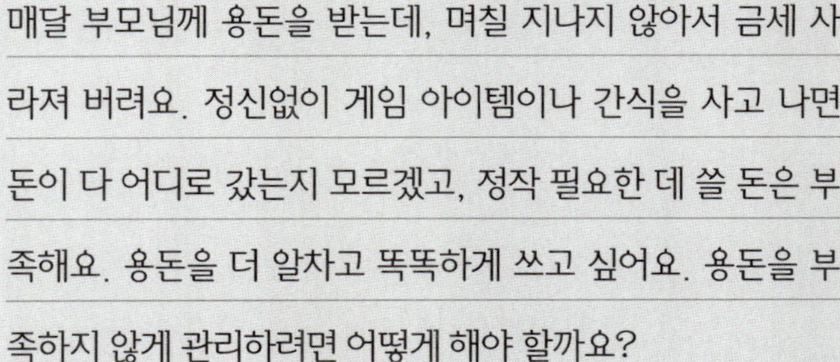

용돈이 금방 사라지는데, 어떻게 관리해야 할까?

매달 부모님께 용돈을 받는데, 며칠 지나지 않아서 금세 사라져 버려요. 정신없이 게임 아이템이나 간식을 사고 나면 돈이 다 어디로 갔는지 모르겠고, 정작 필요한 데 쓸 돈은 부족해요. 용돈을 더 알차고 똑똑하게 쓰고 싶어요. 용돈을 부족하지 않게 관리하려면 어떻게 해야 할까요?

용돈이 눈 깜짝할 사이에 사라지면 당황스럽지? 친구들과 떡볶이를 먹거나, 게임 아이템을 사다 보면 어느새 지갑이 텅 비어 버리고 말아. 하지만 걱정하지 마! '재무 설계'라는 방법을 배우면 너도 용돈을 똑똑하게 관리할 수 있거든. 재무 설계는 마치 시험공부 계획을 세우는 것처럼, 돈을 어디에 얼마나 쓸지 미리 계획해서 원하는 걸 이루고도 돈이 남게 하는 방법이야. 단계별로 알려 줄 테니까 차근차근 따라와 봐.

재무 설계는
어떤 순서로 어떻게 할까?

먼저, 네가 가진 돈과 쓰는 돈을 파악해야 해. 시험공부를 시작하기 전에 각 과목의 시험 범위를 확인하듯이 말이야. 예를 들어, 매달 용돈을 5만 원 받는다고 해보자. 버스비나 학원 교재비처럼 매달 꼭 써야 하는 돈은 얼마인지 점검해 봐야 해. 이걸

'고정 지출'이라고 해. 그리고 그 외에 간식, 게임, 친구들과 놀 때 쓰는 돈은 대략 얼마일지 생각해 봐.

예를 들어, 친구 수미는 매달 용돈을 10만 원씩 받는데, 돈을 쓸 때마다 기록했더니 간식에 2만 원, 게임에 1만 5,000원, 버스비에 3만 원을 썼다는 걸 파악할 수 있게 되었어. 이렇게 노트나 스마트폰 메모장에 써보면 네 돈이 어디에서 새는지 한눈에 보여!

네 상황을 파악했다면 이제 목표를 세워 보는 거야. '돈을 최대한 많이 모아야겠다.'라는 식의 애매한 목표 말고 단기, 중기, 장기로 나누어서 구체적인 목표를 세우는 거지. 목표가 있으면 돈을 아낄 동기가 생기거든. 예들 들어, '다음 달에 좋아하는 가수의 앨범을 사기 위해 3만 원 모으기'는 단기 목표야. 그리고 '여름방학 때 친구들과 워터파크에 가기 위해 10만 원 모으기'는 중기 목표라고 할 수 있지. '중학교 졸업 전에 새 노트북을 사기 위해 150만 원 모으기'는 장기 목표가 될 수 있어. 목표를 세우면 돈을 모으는 게 재미있어져.

목표를 정했다면, 이제 매달 용돈을 어떻게 쓸지 계획을 세울 차례야. 예를 들어 용돈이 5만 원이라면 고정비를 제외하고 얼마를 저금해야 할지 계산해 보는 거야. 원하는 사양의 노트북이 얼마인지 살펴보면, 3년간 얼마를 모아야 하는지 대략적인 목표 금액을 계산할 수 있어. 그러면 다달이 얼마를 저금해야 한다는 구체적인 실천 지침을 마련할 수 있지.

이제 그 지침을 얼마나 잘 지키고 있는지 점검을 해봐야 해. 앞에서도 말했던 것처럼 소비 생활을 점검하면 내가 어디에 얼마나 쓰고 있는지를 파악할 수 있어. 매일, 또는 매주 쓴 돈을 노트나 앱에 적어 보면, 한 달 뒤에는 네 소비 패턴을 발견할 수 있을 거야. '내가 왜 매주 게임에 1만 원씩이나 썼지?' 하고 반성하고 지출을 조절할 수도 있어. 그러면 목표를 더 빠르게 달성할 수 있을 거야.

그렇다고 너무 빡빡하게 지출 계획을 세우면 나중에 곤란할 수도 있기 때문에 갑작스러운 지출에 대비해서 **여윳돈을 마련해 두는 것도 중요해.** 갑자기 사고 싶은 게임이 나오거나, 친구 생일 선물을 사야 할 때도 있잖아? 이런 상황에 대비하려면 용돈의 10~20%를 '비상금'으로 남겨 두는 게 좋아. 예를 들어, 10만 원 중 5,000원은 무조건 안 쓰고 모아 두는 거야. 이 비상금은 나중에 급하게 돈이 필요할 때 큰 도움이 돼.

재무 설계를
왜 꼭 해야 할까?

지금부터 재무 설계를 연습하면 미래에 큰 도움이 되기 때문이지. 네가 사회생활을 시작하면 집을 사거나, 결혼 자금을 모으거나, 아이 교육비를 준비하는 등 더 큰 목표를 세워야 할 때가 올 수 있어. 그러니 지금부터 돈을 아끼고 계획해서 쓰는 습관을 들이는 것이 좋아. 매달 용돈을 어떻게 쓸지 계획하고 목표를 세우면 돈을 스스로 관리하는 힘이 생겨. 그리고 그 힘은 사회 속에서 살아가려면 꼭 필요하지.

어른이 되면 월세, 통신비, 공과금처럼 관리해야 할 돈이 많아져. 지금 용돈으로 작은 계획을 세우고 실천하는 연습을 하면, 나중에 월급을 받아도 원하는 곳에 돈을 쓰고 저축할 수 있는 능력이 생길 거야. 계획 없이 돈을 쓰면 돈에 끌려다니는 삶을 살게 되지만, 재무 계획을 세우면 내가 원하는 삶을 위해 돈을 똑똑하게 사용할 수 있어!

청소년도 신용카드를 만들 수 있을까?

어른들이 현금 없이 신용카드로 물건을 사는 모습을 자주 봐요. 언제부터 현금이 아니라 신용카드로 물건을 살 수 있게 되었나요? 그리고 우리 같은 청소년도 신용카드를 가질 수 있나요?

작은 플라스틱 카드 한 장으로 물건을 사는 모습을 보면 가끔 정말 신기하게 느껴지지. 그런데 혹시 이 카드가 작은 실수에서 탄생했다는 거, 알고 있니?

1950년, 미국의 금융가 프랭크 맥나마라Frank McNamara가 뉴욕 레스토랑에서 저녁을 먹었는데 지갑을 깜빡해서 난처한 상황에 처했어. 그 경험을 바탕으로 동업자 랄프 슈나이더Ralph Schneider와 함께 현금을 들고 다니지 않아도 결제할 수 있는 카드를 만들기로 했지. 그렇게 1950년에 세계 최초의 현대적 신용카드인 '다이너스 클럽 카드Diners Club Card'가 탄생했어.

처음엔 뉴욕의 열네 개 레스토랑에서만 사용할 수 있었고, 200명의 회원으로 시작했지만, 점점 인기가 많아졌어. 이 카드는 물건을 사면 카드회사가 먼저 돈을 내주고, 사용자가 나중에 갚는 방식이었지. 1958년엔 뱅크아메리카드(지금의 비자Visa)가 나왔고, 빌린 돈을 매달 조금씩 나눠 갚을 수 있는 시스템이 생겼어. 이후 마스터카드, 아메리칸 익스프레스 같은 카드들이 등장하면서 전 세계로 신용카드가 퍼졌어. 요즘은 자기띠, 칩, 비접촉 결제 기술까지 발전해서 더 편리해졌지!

신용카드는 결국 물건을 먼저 사고 나중에 돈을 갚는 시스템이야. 예를 들어, 네가 신용카드로 5만 원짜리 게임 아이템을 샀다고 해보자. 그 5만 원은 네 돈이 아니라 카드회사에서 빌린 돈이야. 매달 정해진 날(결제일)에 그 돈을 갚아야 하는데, 못 갚으면 이자가 붙어서 더 큰 돈을 갚아야 할 수도 있어. 신용카드 회사는 이렇게 대금을 제때 갚지 못하는 이용자에게 이자를 붙여서 돈을 벌지. 그리고 편의점이나 식당, 백화점 등 카드를 받는 상점에서 수수료도 받고, 일부 신용카드는 이용자에게 연회비도 받아. 신용카드를 사용하는 건 결국 빚을 내는 것과 같다는 걸 알아야 해. 어때, 조금은 경각심이 생기지?

**청소년도 신용카드를
발급받을 수 있을까?**

청소년은 보통 신용카드를 직접 가질 수 없어. 왜냐하면 신용카드는 앞서 말했던 것처럼 돈을 빌리는 방식이라, 법적으로

18세 이상이어야 발급받을 수 있거든. 신용카드 회사는 카드를 신청한 사람의 소득, 재산, 신용도를 확인한 뒤 발급 여부를 결정해. 청소년은 아직 소득이 없으니 직접 신청하기는 어렵지. 하지만 대안이 있어!

성인뿐 아니라 청소년도 사용할 수 있는 체크카드라는 것이 있어. 신용카드와 비슷하게 생겼지만, 연결된 은행 계좌에서 바로 돈이 빠져나가는 카드지. 용돈을 계좌에 입금해 놓으면 계좌에 있는 금액 한도 내에서 사용할 수 있어. 그러니 합리적인 소비를 할 수 있지. 선불카드라는 것도 있어. 교통카드처럼 카드에 돈을 미리 충전해 놓고 잔액 범위 안에서 사용하는 카드야. **이렇게 신용카드나 체크카드, 선불카드처럼 편리하게 쓸 수 있는 카드를 '플라스틱 머니'라고 불러.**

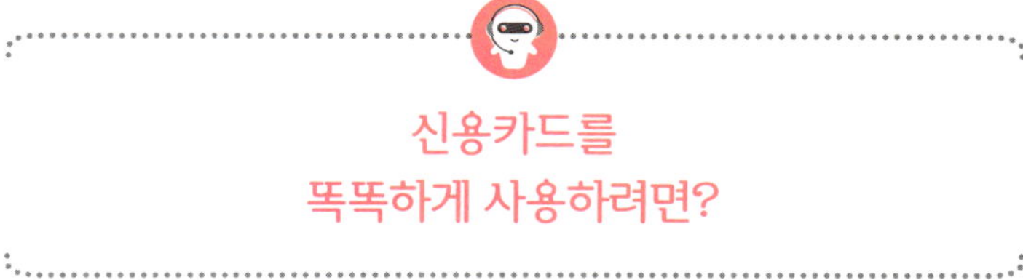

신용카드를 똑똑하게 사용하려면?

지금은 신용카드를 발급받을 수 없지만 나중에 직장 생활을 하고 소득이 생기면 너도 신용카드를 사용할 수 있어. 하지만 조심할 필요가 있어. 당장 내 주머니에서 돈이 빠져나가는 게 아니고 작은 카드 한 장만 내밀면 다 해결되니 씀씀이가 커질 수 있거든. 그리고 보통 신용카드의 한 달 사용 한도는 월급보다 큰 경우가 많아서, 내 지불 능력보다 더 많은 돈을 쓰게 될 수 있으니 유의해야 해.

무엇보다 결제일은 꼭 지켜야 해. 신용카드 대금은 매달 정해진 날에 갚아야 해. 제때 갚지 않으면 이자가 붙고, 신용도가 낮아져서 나중에 집이나 차를 살 때 대출받기 어려울 수 있어. 대신 이용 대금을 제때 잘 갚으면 신용도가 높아져서 이득을 얻을 수 있지.

신용카드는 외국에서도 사용할 수 있으니 환전할 필요가 없다는 장점도 있어. 가전제품을 살 때도 신용카드로 몇 개월에 걸쳐 나눠 갚을 수 있으니 큰 도움이 되지. 편리하기는 해도, 그건 빚과 마찬가지라는 걸 잊지 말아야 해. 지금부터 용돈이나 선불카드로 돈 관리 연습을 하면, 나중에 신용카드를 똑똑하게 쓰는 멋진 어른이 될 수 있을 거야!

은행이 망하면
내 돈은 어떻게 될까?

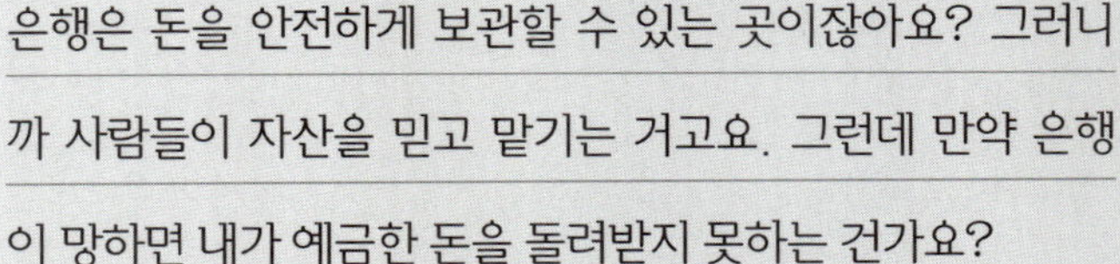

은행은 돈을 안전하게 보관할 수 있는 곳이잖아요? 그러니까 사람들이 자산을 믿고 맡기는 거고요. 그런데 만약 은행이 망하면 내가 예금한 돈을 돌려받지 못하는 건가요?

은행은 돈을 안전하게 보관할 수 있는 곳이지만, 사람들이 불안감에 은행 앞에 몰려들어 아수라장이 된 적도 있어. 너도 그런 사진을 본 적이 있니? 이걸 '뱅크런Bank Run'이라고 하는데, 사람들이 은행이 망할까 봐 겁나서 한꺼번에 돈을 찾으러 몰려드는 현상이야. 또, 은행 직원이 고객의 돈을 몰래 빼돌리는 횡령 사건 같은 것도 들어 본 적 있을 거야. 이런 일이 생기면 '내가 저축한 돈은 안전할까? 잃는 건 아닐까?' 하고 걱정될 수 있어. 하지만 다행히도 우리나라에는 네 돈을 지켜 주는 제도가 있으니까 안심해도 돼!

은행이 망하는 일이나 횡령 사고는 정말 드물지만, 가끔 일어나기도 하지. 예를 들어, 1930년대 미국 대공황 때는 사람들이 은행을 믿지 못해서 뱅크런이 일어나 1만 개 이상의 은행이 문을 닫았어. 한국에서도 2011년에 일부 저축은행이 부실하게 운영된다는 소식이 전해지면서 뱅크런이 일어났어. 몇몇 저축은행이 고객의 돈을 횡령한 사건도 있었지.

만에 하나 이런 일이 생겨도 네 돈은 대부분 안전하게 보호 돼. 왜냐하면 우리나라에는 '예금자 보호법'이라는 제도가 있어서, 은행이 망하거나 돈을 돌려주지 못하면 예금보험공사KDIC가 대신 돈을 돌려주거든. 예를 들어, 네가 은행에 용돈 200만 원을 저축했는데 은행이 망하면, 예금보험공사가 그 200만 원을 전액 돌려줘.

이 예금자 보호법은 네 돈을 1인당 최대 1억 원까지 지켜 줘. 원금과 이자를 합쳐서 1억 원까지 보호되는 거야. 예전엔 5,000만 원이었지만, 2023년에 법이 바뀌어서 이제 1억 원까지 돌려받을 수 있어. 만약 네가 500만 원을 저축했으면 전액 돌려받지만, 1억 5,000만 원을 맡겼다면 1억 원까지만 보호돼. 이 제도는 은행뿐 아니라 저축은행, 신협, 농협, 수협, 새마을금고, 산림조합 같은 금융 기관에도 적용돼. 하지만 주식이나 펀드 같은 투자 상품은 보호되지 않기 때문에 계좌를 열 때 "이게 예금자 보호 상품인가요?" 하고 꼭 확인해야 해.

이런 제도가 어떻게 운영될 수 있는 걸까? 예금보험공사는 평소에 은행들이 내는 예금보험료로 예금보험기금을 만들어 둬. 이 기금으로 은행이 망하거나 횡령 사고가 생겼을 때 네 돈을 지급하는 거야.

이 제도가 중요한 이유는, 사람들이 '내 돈이 안전하다.'고 믿지 못하면 한 은행이 망할 때 다른 은행까지 불신해서 금융 시장 전체가 혼란스러워질 수 있기 때문이야. 2011년 저축은행 뱅크런 때도 예금보험공사가 빠르게 개입해서 더 큰 혼란을 막았어.

내 돈을
안전하게 보호하려면?

우리나라에서는 정부와 금융감독원이 은행을 엄격히 관리해서 큰 은행은 자본 구조가 탄탄하고 한순간에 망할 확률이 높지 않아. 1997년 외환위기 때 예금자 보호제도가 강화되면서 지금은 더 안전해졌지. 그러니 네 용돈이나 저축은 거의 안전하다고 생각해도 돼. 하지만 돌다리도 두드려 보고 건넌다고, 안전한 은행을 고르는 것이 좋겠지.

신한은행, 국민은행, 우리은행, 하나은행 등의 대형 은행은 자본이 많고 정부의 감시를 철저히 받아서 믿을 만해. 그리고 계좌를 열 때 "예금보험공사 보호를 받나요?" 하고 물어보면 보통예금, 정기예금, 적금이 보호된다고 알려 줄 거야. 인터넷이나 뉴스에서 은행의 안전성을 검색해 보는 것도 좋아. 예를 들어, '○○은행 안전성' 같은 키워드로 찾아보면 최근 문제가 있었는지 여부를 알 수 있어.

또, 집 근처에 지점이 많거나 앱 사용이 편리한 은행을 고르면 좋아. 카카오뱅크나 토스뱅크는 앱으로 쉽게 계좌를 관리할 수 있어서 청소년도 편리하게 사용할 수 있어. 적금이나 예금을 들 때 이자율을 비교하는 것도 똑똑한 방법이야. 이자율이 높으면 저축한 돈이 더 불어나거든. 은행마다, 상품마다 이자율이 다르니까 비교해서 조금이라도 이자를 많이 주는 것으로 가입하는 게 좋겠지?

그리고 큰돈을 저축할 때는 한 은행에 1억 원 이하로 나눠 넣는 게 좋아. 예를 들어, 1억 5,000만 원이 있다면 A은행에 7,000만 원, B은행에 8,000만 원 이렇게 나눠 넣어야 예금자 보호법으로 전액 보호되거든.

은행은 우리 돈을 안전하게 지켜 주는 곳이고, 예금보험공사도 든든하게 우리 돈을 보호해 줘. 안전한 은행을 골라서 용돈을 저축하면서 돈 관리 연습을 하면, 나중에 큰돈을 맡겨도 걱정할 일이 없을 거야.

을 저축하면서 돈 관리 연습을 하면, 나중에 큰돈을 맡겨도 걱정할 일이 없을 거야.

신용이 대체 뭐길래,
성적처럼 관리해야 할까?

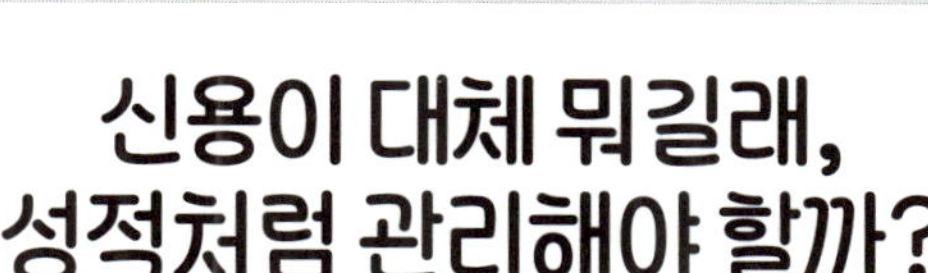

뉴스나 드라마를 보면 이런 말이 자주 들려요. "신용등급이 낮아서 대출이 안 나온대." "신용카드 대금 연체하면 절대 안 돼, 신용이 망가진다고." "저 사람은 신용불량자라서, 은행 거래를 할 수가 없대." 아니, 대체 신용이 뭐길래 등급을 나누고, 인생에 이렇게 큰 영향을 주는 건가요?

신용등급이 뭔지 궁금했구나! 신용등급이나 신용점수는 네가 돈을 얼마나 잘 관리하는지를 보여 주는 성적 같은 거야. 예전에는 신용을 1등급부터 10등급까지 나눴지만, 이제는 점수로 세밀하게 평가해서 신용등급보다는 신용점수라는 말을 많이 써. 학교에서 성적을 A, B, C로 나누는 대신 85점, 92점처럼 점수로 주는 것과 비슷하다고 생각하면 돼. 청소년에게는 아직 먼 이야기 같을 수 있지만, 나중에 어른이 되면 신용이 정말 중요해져.

신용信用이라는 말은 원래 '믿을 만하다.'는 뜻이야. 하지만 경제에서는 조금 다른 의미로 쓰이지. **경제에서 신용은 돈을 빌린 뒤 약속한 날짜에 제대로 갚을 수 있는 능력을 말해.** 예를 들어, 신용카드로 물건을 사고 제때 돈을 갚거나, 은행에서 돈을 빌린 후 약속대로 갚는 능력이 신용이야. 이 신용이 좋아야 나중에 수월하게 신용카드를 만들 수 있고, 집이나 자동차를 살 때 대출을 쉽게 받을 수 있어.

그렇다면 신용등급은 누가 어떻게 매기는 걸까? 한국에는 NICE평가정보나 KCB 같은 신용평가사가 있어. 이 전문 회사들은 네가 돈을 빌리거나 갚는 기록을 보고 점수를 매기지. 특히 중요한 것이 연체 기록이야. 즉 돈을 제때 갚았는지, 늦게 갚았는지를 살피는 거야. 예를 들어, 신용카드 대금을 늦게 내면 신용점수가 낮아지고, 제때 내면 점수가 올라. 휴대폰 요금, 공과금 같은 것도 제때 내는지 확인해. 이런 기록들을 종합해서 점수를 매기지. 2021년부터 점수제로 전환했는데, 점수제는 0~1,000점처럼 더 세밀하게 평가해서 은행이나 카드회사가 대상자를 더 정확하게 판단할 수 있어.

신용점수가 왜 중요하냐면, 우리 삶에 큰 영향을 주기 때문이야. 신용점수가 높으면 은행에서 대출을 받거나 신용카드를 만들 때 유리해. 예를 들어, 대학 등록금을 내거나 집을 사느라 큰돈이 필요해 대출을 받아야 할 때, 신용점수가 높으면 이자율이 낮고 더 많은 돈을 빌릴 수 있어. 반대로 신용점수가 낮으면 대출을 아예 못 받거나, 같은 돈을 빌려도 이자를 더 내야 해.

개인뿐 아니라 기업이나 나라의 입장에서도 신용등급은 중요해. 만약 우리나라의 신용등급이 떨어지면, 외국에서 돈을 빌리기 어려워지고 수출이나 경제에 문제가 생길 수 있어. 기업도 신용등급이 낮으면 투자를 받기 힘들거나 주식 가치가 떨어질 수 있지. 그래서 개인, 기업, 나라 모두 신용등급을 잘 관리해야 해.

너는 아직 신용카드나 대출을 안 쓰니까 신용등급이 없지만, 지금부터 돈 관리 습관을 잘 들이는 게 중요해. 예를 들어, 용돈을 계획적으로 쓰고 저축하는 습관을 들이면, 나중에 신용카드를 써도 제때 갚는 책임감 있는 사람이 될 거야. 신용카드 대금은 결제일에 꼭 제때 갚고 갚을 수 있는 만큼만 써야 해. 지금부터 돈을 관리하는 습관을 길러 두면, 나중에 신용점수를 높게 유지할 수 있을 거야.

보험이
왜 필요할까?

제가 태어날 때부터 부모님이 태아보험이라는 걸 들어 놓으셨대요. 그런데 매달 보험료로 적지 않은 돈이 나간다고 해요. 다달이 보험료를 내는 건 부담스러운 일이잖아요? 그걸 감수할 만큼 보험이 필요한 건가요?

　보험을 왜 들어야 하는지, 왜 다달이 부담을 지면서까지 유지해야 하는지 궁금했구나! 보험은 예상치 못한 위험에 대비하는 안전망이라고 할 수 있어. 보험을 드는 건 비가 오는 날을 대비해서 미리 우산을 준비해 두는 것과 같아.

　보험은 아주 오래전부터 있었어. 수백 년 전, 유럽 상인들이 아시아나 아프리카로 배를 타고 가서 무역을 하던 시절로 거슬러 올라가지. 당시엔 진귀한 물건을 가져오면 돈을 많이 벌 수 있었어. 하지만 배를 띄우는 데 큰돈이 들었고, 폭풍이나 해적 때문에 배가 망가지거나 난파되면 모든 걸 잃을 수도 있었지. 셰익스피어의 소설 『베니스의 상인』에서 주인공 안토니오가 빚을 못 갚은 것도 배가 항해 중에 난파돼서였어. 이런 위험 때문에 상인들은 투자하기를 꺼렸지.

　그러다 17세기 영국에 에드워드 로이드 Edward Lloyd라는 사람이 등장했어. 그는 런던의 커피하우스에서 상인들과 선주들을 대상으로 배와 화물의 위험에 대비해 평소에 조금씩 돈을 모았다가 배에 사고가 나면 그 돈으로 손해를 보상해 주는 시스템을 만들었어. 이 시스템이 오늘날의 해상보험, 나아가 현대 보험의 출발점이 되었단다.

오늘날 보험도 비슷한 원리로 운영돼. 여러 사람이 매달 조금씩 돈(보험료)을 내서 모아 두면, 그중 사고나 질병 같은 일을 겪은 사람에게 모은 돈(보험금)으로 도움을 주는 거야. 예를 들어, 네가 자전거를 타다 넘어져서 병원에 갔고 보험에 들어 있다면 병원비 등을 지원받을 수 있어. ○○손해보험, ○○해상 같은 회사 이름을 들어 본 적 있지? 이런 회사들이 보험을 운영하는 금융 기관이야.

보험에는 어떤 것이 있을까?

보험은 크게 생명보험과 손해보험으로 나뉘어. 생명보험은 사람의 생존과 사망에 관련된 보험이야. 사망했을 때 가족에게 보험금을 주는 것도 있고, 살아 있는 동안 연금을 받는 것도 있어. 손해보험은 교통사고나 화재처럼 갑작스러운 사고로 재산

피해를 입었을 때 보상해 주는 보험이야. 또, 여행 중 사고를 대비하는 여행자 보험, 노후를 준비하는 연금 보험 그리고 우리나라 국민이라면 누구나 가입하는 국민건강보험 같은 것도 있어. 국민건강보험은 병원을 이용할 때 치료비를 줄여 주는 중요한 보험이야. 머달 돈을 내는 게 부담스러울 수도 있지만, 국민건강보험이 잘 운영되는 덕분에 돈 걱정을 크게 하지 않고 진찰과 치료를 받을 수 있어. 너도 이미 이 보험의 혜택을 받고 있지.

보험에 들어야 하는 이유는 보험이 예상치 못한 위험으로부터 우리를 지켜주기 때문이야. 살면서 교통사고, 화재, 질병 같은 일을 미리 알 수는 없잖아? 화재로 큰 피해를 입어도 손해보험을 들어 두었다면 집을 무사히 수리할 수 있어. 보험은 이처럼 큰 손실을 줄여 주고, 병원비나 사고로 인한 걱정을 덜어 줘. 또 마음의 안정도 주지. 혹시 넘어지거나 사고가 날까 봐 걱정이 되어 행동의 자유에 제약을 받을 때가 있지? 그런데 보험을 들어 두면 하고 싶은 것을 마음껏 할 수 있어. 그러니까 **보험은 돈을 아껴 줄 뿐 아니라 불안까지 줄여 주는 역할을 해.**

가끔 보험회사가 투자형 보험을 팔기도 해. 사고 대비뿐 아니라 돈을 불려 준다고 광고하는데, 이런 보험에 가입할 때는 유의해야 해. 시간이 지나면 수익보다 물가가 더 많이 올라서 투자 수익이 생각보다 적을 수 있거든. 그러니 보험은 웬만하면 위험 대비에 집중해서 가입하는 게 좋아. 투자하려면 따로 저축이나 적금을 드는 게 더 안전할 수 있어.

그러면 보험은 많을수록 좋을까?

꼭 그렇진 않아. 보험은 필요한 만큼만 가입하는 게 중요해. 예를 들어, 청소년인 너는 이미 국민건강보험에 가입돼 있고, 학교에서 단체보험에 가입한 경우도 많아. 자신의 상황과 생활에 필요한 보험이 무엇인지 파악해서 여기에 추가로 드는 것을 고려하면 돼. 여행을 갈 때 여행자보험 등을 들 수 있겠지. 하지만 보험을 너무 많이 들면 보험료를 부담하느라 생활비가 부족해질 수 있으니, 꼭 필요한 보험만 골라서 드는 것이 좋아.

네가 보험에 직접 가입할 일은 아직 없겠지만, 보험에 대해 알아 두면 돈과 위험을 똑똑하게 관리하는 데 큰 도움이 돼. 예를 들어, 국민건강보험 덕분에 병원비 부담이 적다는 걸 이해하고, 나중에 어른이 되면 어떤 보험이 필요할지 부모님과 이야기해 보면 좋아. 지금부터 용돈을 계획적으로 쓰고 저축하면서 '만약의 상황'에 대비하는 습관을 들이면, 나중에 보험을 들 때도 현명한 선택을 할 수 있을 거야. 부모님께 "우리 집은 어떤 보험에 가입했나요?" 하고 여쭤보면서 보험이 어떻게 작동하는지 배워도 좋을 거야. 이렇게 일상에서부터 작은 관심을 갖기 시작하면, 나중에 어른이 돼서도 돈과 위험을 현명하게 관리할 수 있겠지?

돈은 무조건 안 빌리는 게 더 좋은 걸까?

친척이 최근 은행에서 큰돈을 대출받았다고 해요. 저는 빚을 지는 건 겁이 나고 무서워서 부정적으로 생각되는데, 어른들은 아무렇지 않게 대출을 받는 게 신기하더라고요. 대출받는 걸 긍정적으로 볼 수도 있나요?

대출이라는 말을 들으면 왠지 무섭거나 부정적인 느낌이 들지? 뉴스에서 빚 때문에 힘들어하는 사람들 이야기를 자주 보니까 더 그렇게 느껴질 거야. 부모님이나 어른들이 대출 얘기를 하는 걸 듣고, 또는 친구들 사이에서 "집이나 차를 사려면 대출을 받아야 한대." 같은 이야기를 듣고 '왜 돈을 빌려야 하지?' 하고 궁금했을 수도 있어.

이런 궁금증은 돈을 어떻게 관리하고 미래를 어떻게 준비해야 하는지를 배우는 첫걸음이야. 결론부터 말하자면, 대출이 꼭 나쁜 것만은 아니야. 사실 똑똑하게 사용하면 미래를 더 밝게 만드는 도구가 될 수 있거든.

대출은 은행이나 금융 기관에서 돈을 빌려서 나중에 갚는 거야. 살면서 큰돈이 필요할 때가 있잖아? 예를 들어, 대학에 가려면 등록금이 필요하고, 집이나 차를 사려면 큰돈이 들어. 이런 때는 수중의 돈만으로 해결하기 어려울 수 있어. 그래서 어른들은 대출을 받아서 이런 큰 지출을 하고, 꾸준히 갚아 나가는 거야.

만약, 대출로 집을 샀는데 그 집이 가족의 안정적인 보금자리가 됐다면, 대출은 단순히 빚이 아니라 미래를 위한 투자로 볼 수 있는 거지. 그런 관점에서 보면, 대출이 큰 도움이 되는 거지.

대출도 자산이라고?

대출을 '빚'이라고만 생각하면 무섭게 들리지만, 똑똑하게 사용하면 자산을 늘리는 도구가 될 수 있어. 예를 들어, 대학 등록금을 위해 학자금 대출을 받으면 좋은 교육을 받을 수 있고, 나중에 더 나은 직업을 얻을 기회가 생겨. 집을 살 때도 마찬가지야. 수억 원짜리 집을 현금으로 사기는 어렵지만, 대출로 집을 사면 안정적인 보금자리를 마련할 수 있고, 집값이 오르면 자산도 늘어나. 이런 대출은 미래를 위한 투자라고 볼 수 있는 거지. 부모님께 "집을 살 때 대출이 어떻게 도움이 됐나요?" 하고 물어보면 대출의 긍정적인 면을 더 알 수 있을 거야.

하지만 대출이 항상 좋은 건 아니야. 만약 당장 필요하지 않은 물건, 예를 들어 최신 스마트폰, 한정판 운동화, 비싼 옷을 사려고 대출을 받으면 문제가 될 수 있어. 이런 소비는 잠시 기쁨을 주지만, 시간이 지나면 만족도가 떨어지고, 갚아야 할 빚과 이자만 남을 수 있어. 예를 들어, 한정판 게임 아이템을 사려고 부모님 카드를 몰래 썼다면 어떻게 될까? 나중에는 그걸 갚느라 쓸 용돈이 남아나지 않을 거야. 이런 경우는 미래의 돈을 당겨 쓰는 거라, 결국 너를 더 힘들게 할 수 있어. 그러니까 **대출을 받을 때는 '이게 정말 미래를 위한 투자인가, 아니면 순간의 즐거움을 위한 건가?'를 구별하는 게 중요해.** 이런 구별을 잘 하려면 지금부터 용돈을 관리하면서 '이 돈을 꼭 써야 하나?' 하고 생각해 보는 연습을 하면 좋아.

내가 갚을 수 있는 범위에서, 미래를 위한 목적으로 빌린다면 대출도 얼마든지 긍정적으로 작용할 수 있어. 단, 대출을 받을 때는 내가 매달 얼마나 갚을 수 있는지, 내 소득과 생활비를 고려해서 계획을 세워야 해.

대출은 무섭기만 한 게 아니라 미래를 위한 강력한 도구가 될 수 있다는 걸 기억해 두자. 지금 당장은 대출을 받을 일이 없

겠지만, 용돈을 계획적으로 쓰고 저축하면서 돈 관리 습관을 키

우면, 나중에 대출도 현명하게 활용할 수 있을 거야.

대출은 아무나 원하는 만큼 받을 수 있을까?

은행에 가면 대출 코너가 있잖아요. 청소년도 대출을 받을 수 있나요? 원하는 사람은 원하는 만큼 다 받을 수 있나요? 대출을 받으려던 무엇이 필요한지 알려주세요.

은행 대출 코너를 보고 '나도 돈을 빌릴 수 있나?' 하고 궁금했구나? 대출이란 은행이나 금융기관에서 돈을 빌려서 나중에 갚는 계약이야. 예를 들어, 집이나 차를 살 때 현금이 부족하면 은행에서 돈을 빌리고, 매달 조금씩 갚아 나가는 거야.

그런데 우리나라 법(민법)에 따르면, 19세 미만 미성년자는 부모님이나 보호자의 동의 없이 중요한 계약을 맺을 수 없어. 이는 청소년이 잘못된 계약으로 피해를 입지 않도록 보호하기 위해서 존재하는 법이야. 게다가 은행은 돈을 빌려줄 때 그 사람이 돈을 갚을 수 있는지 확인하기 위해 소득(이를테면 월급)이나 신용점수(돈 관리 능력을 보여 주는 점수)를 봐. 청소년은 아직 정기적인 소득이 없으니 직접 대출을 받기가 어렵지.

대출을 받을 때는
뭐가 필요할까?

대출에는 담보와 신용이라는 중요한 개념이 있어. **담보는 돈을 못 갚을 경우 은행이 손실을 메우기 위해 가져갈 수 있는 물건이나 권리야.** 예를 들어, 집을 사기 위해 대출을 받으면 그 집을 담보로 걸어. 그런데 만약 돈을 못 갚으면 은행이 집을 팔아서 빌려준 돈을 돌려받지. 이런 대출을 주택 담보 대출이라고 해. 담보가 있으면 은행 입장에서 위험이 적으니 이자율이 낮아지고 더 많은 돈을 빌려줄 수 있어.

반면, 담보 없이 신용만으로 대출을 받는 경우도 있어. **신용은 네가 돈을 얼마나 잘 갚는지 보여 주는 기록, 즉 신용점수야.** 신용점수가 높으면 은행이 너를 믿고 돈을 빌려주지만, 점수가 낮거나 소득이 없으면 대출 한도가 적거나 이자율이 높아져. 청소년인 너는 아직 신용점수가 없지만, 용돈을 잘 관리하는 습관을 들이면 나중에 좋은 신용을 쌓을 수 있을 거야.

은행이 돈을 빌려주면, 빌린 돈(원금)뿐 아니라 이자도 갚아야 해. **이자는 대출을 받을 때 내야 하는 추가 비용이야.** 예를 들어, 100만 원을 연 5% 이자율로 빌렸다면, 1년에 5만 원 이자를 내는 거야. 이자율은 대출 종류나 담보 여부에 따라 달라져. 주택 담보 대출은 이자율이 낮지만, 담보 없는 신용대출은 이자율이 그보다 높겠지?

대출할 때는 무엇을 유의해야 할까?

대출을 갚는 과정은 은행과 약속한 방식으로 진행돼. 보통 매달 일정 금액을 갚는데, 원금과 이자를 함께 갚거나, 이자만 먼저 내고 나중에 원금을 갚는 방식이 있어. **중요한 건 약속한 시기에 제때 갚는 거야.** 돈을 늦게 갚으면 연체 이자라는 추가 비용이 붙고, 신용점수가 낮아져서 나중에 대출받기 어려워질 수 있어. 반대로, 제때 갚으면 신용점수가 올라서 다음에 더 좋은 조건으로 대출을 받을 수 있지.

하지만 조심해야 할 게 있어. 은행 대출을 받기 어려운 사람에게 '쉽게 돈을 빌려준다.'고 유혹하며 접근하는 사금융(사채)

이 있을 수 있거든. 예를 들어, 좋아하는 아이돌 굿즈나 게임 아이템을 사고 싶은데 돈이 부족할 때, '신청하면 바로 10만 원 빌려주고 일주일 뒤 15만 원으로 갚으면 된다.'는 광고가 보이면 순간적으로 혹할 수 있어. 하지만 이런 사금융은 이자율이 엄청 높고, 하루만 늦어도 무서운 연체 이자가 붙어. 세상에 공짜는 없어. 쉽게 빌려준다고 하는 곳은 100% 높은 이자를 요구하니 절대 함부로 빌려서는 안 돼.

9

부모님 월급에서 세금이 꽤 많이 나간다는데, 그건 왜 내는 걸까?

"월급에서 세금 떼고 나면 남는 것도 얼마 없어."라거나 "직장인 지갑은 유리 지갑이라 세금에서 벗어날 수가 없어."라고 부모님이 대화하는 소리를 들었어요. 소득이 있으면 세금을 내야 한다는데, 그건 왜 그런 거죠? 그렇게 걷은 돈은 어디에 쓰이는 건가요? 그리고 소득이 없는 우리는 세금을 안 내고 있는 건가요?

세금에 대해 궁금하구나. "인생에는 피할 수 없는 두 가지가 있다. 죽음과 세금이다."라는 명언이 있을 정도로 세금은 한 나라의 국민이라면 누구도 피할 수 없는 거란다.

보통 세금은 돈을 버는 사람만 낸다고 생각하고는 해. 그렇지만 우리는 어떤 형태로든 세금을 내고 있어. 너도 마찬가지야. 편의점에서 과자를 사거나 치킨을 시킬 때 이미 세금을 내고 있는 거거든. 예를 들어, 1,100원을 주고 과자를 샀다면 그중 10%인 100원은 부가가치세야. **이 부가세는 물건이나 서비스를 살 때마다 붙는 세금이야.** 너도 용돈으로 물건을 살 때마다 부가세를 내고 있으니, 이미 세금을 내는 거지. 게임 아이템을 결제하거나 카페에서 음료를 살 때도 거기에 부가세가 포함돼 있어.

세금은
왜 내야 할까?

세금을 왜 내야 하냐면, **나라가 우리에게 필요한 공공서비스를 제공하려면 돈이 필요하기 때문이야.** 학교의 책상과 컴퓨터, 공원의 놀이터, 도로의 가로등, 공공버스, 경찰과 소방관의 활동 등은 전부 세금으로 운영돼. 네가 학교에서 무료로 수업받고, 공공도서관에서 책을 빌리거나, 공원에서 친구들과 놀 수 있는 것도 세금 덕분이야. 이런 공공서비스는 기업이 아니라 나라가 국민 모두를 위해 제공하는 것이거든. 이런 서비스의 운영 비용을 마련하려면 당연히 세금이 필요하지.

세금에는 부가세 말고도 여러 종류가 있어. 어른이 돼서 **월급을 받거나 사업으로 돈을 벌면 소득세를 내야 해.** 소득세는 소득이 많은 사람이 더 높은 비율로 내도록 설계돼 있어. 즉 부자일수록 세금을 더 많이 내는 거지. 또, 집이나 땅 같은 자산이 있는 사람은 재산세를 내야 해.

소득세 납부에는 한 해 동안 번 돈과 쓴 돈을 꼼꼼히 계산해서 세금을 조정하는 과정이 있어. 이걸 연말정산이라고 불러. 예를 들어, 학원비나 병원비, 기부금을 썼다는 증빙을 제출하면 월급에서 미리 뗀 세금을 일부 돌려받을 수 있어. 신용카드, 체크카드, 현금영수증 같은 지출 기록을 잘 챙기면 연말정산을 통해 세금을 줄일 수 있으니 꼼꼼하게 제출하는 게 좋아. 너도 용돈으로 물건 살 때 현금영수증을 받으면, 나중에 부모님이 연말정산할 때 도움이 될 수 있으니 꼼꼼하게 잘 챙겨 보기 바라.

세금은 네 생활에 큰 도움을 줘. 학교에서 무료로 공부하고, 공원에서 놀고, 버스나 지하철을 저렴하게 이용할 수 있는 건 세금 덕분이야. **세금을 낸다는 건 나라가 우리를 위해 좋은 환경을 만들어 주는 데 동참하는 거야.** 이제부터 학교 도서관 등을 이용할 때 '이게 세금 덕분이구나!' 하고 생각해 보면 어떨까? 우리가 이용하는 서비스 가운데 얼마나 많은 것이 세금으로 운영되는지 알던 세금이 아깝다는 생각이 쏙 들어갈 거야. 세금은 단순히 내 돈을 내는 게 아니라, 우리 모두가 더 나은 삶을 살 수 있게 만드는 중요한 시스템이야!

돈을 잘 지키려면
어떤 점에 유의해야 할까?

요즘 링크를 클릭해 보라는 이상한 문자나 메일이 많이 와요. 공공기관을 사칭하면서 개인정보를 요구하는 전화를 받은 적도 있고요. 이런 위험을 피해서 돈을 잘 지키는 것도 돈 관리에서 매우 중요할 것 같아요. 돈을 관리하며 무엇을 조심해야 할까요?

보이스피싱 때문에 걱정이 됐구나! 보이스피싱은 돈을 관리할 때 꼭 조심해야 하는 사기야. 보이스피싱은 'Voice(목소리)'와 'Phishing(정보를 낚는 행위)'이 합쳐진 말로, 전화나 문자로 사람을 속여서 돈이나 개인정보를 훔치는 범죄야. 예를 들어, 누군가 경찰이나 은행 직원인 척 전화해서 "당신 계좌가 위험하니 빨리 돈을 보내십시오!"라고 하거나, 친구나 가족인 척하며 "급하게 돈이 필요해."라고 문자 보내는 거야. 이상한 링크를 보내서 클릭하게 만들거나, 악성 앱을 설치하도록 유도하는 사기도 있지. 이런 걸 스미싱(SMS + Phishing)이라고 불러.

보이스피싱이 무서운 건 네 마음을 흔들어서 판단을 흐리게 하기 때문이야. 예를 들어, "지금 안 보내면 큰일 난다."고 겁을 주거나, "가족이 위험하다."고 속여서 급하게 돈을 보내게 만들지. 심지어 어른들도 이런 속임수에 당할 때가 있어. 그러니까 돈을 관리할 때는 항상 조심하고, 의심하는 습관을 가져야 해.

내 돈을
안전하게 지키려면?

청소년으로서 돈을 안전하게 지키기 위한 돈 관리법에는 뭐가 있을까? 실천하기 쉬운 방법 몇 가지를 알려 줄게.

일단 공공기관이라고 말하면 다짜고짜 믿지 말고 의심부터 해봐. 경찰이나 은행 등은 절대 전화나 문자로 돈을 보내 달라고 안 해. 예를 들어, "당신의 계좌가 위험하니 돈을 보내."라는 전화가 오면 100% 사기야. 의심스러운 전화나 문자가 오면 바로 끊거나 무시하고, 부모님께 말씀드리도록 해.

둘째, 개인정보는 절대로 주지 마! 누군가 너의 이름, 전화번호, 계좌번호 같은 개인정보를 물어보면 알려 줘서는 안 돼.

셋째, 문자 링크 절대 클릭 금지! 출처 모를 문자에 링크가 있으면 클릭하지 마. 링크를 누르면 핸드폰이 해킹될 수도 있어.

넷째, 지인인 척해도 확인해! 친구나 가족인 척하는 전화나 문자가 와도 바로 믿지 말고, 원래 번호로 전화해서 확인해야 해.

다섯째, 모르는 번호는 조심해! 특히 국제전화(001, 008, 030,

086으로 시작)는 사기일 가능성이 높아. 이런 번호로 전화가 오면 받지 말고, 부모님이나 선생님께 알려.

마지막으로, 앱 설치나 원격 조작은 반드시 거절해야 해! 앱을 깔라고 하거나, 핸드폰을 원격으로 조작하겠다고 하면 바로 거절해.

지금은 용돈이나 체크카드로 돈을 쓰겠지만, 나중에 아르바이트를 하거나 직장 생활을 하면 이런 사기를 더욱 조심해야 해. **돈을 버는 것만큼이나 중요한 게 안전하게 지키는 거야.** 조심하지 않으면 애써 모은 돈이 순식간에 사라지고 나도 모르는 빚까지 생길 수 있으니까 조심, 또 조심!

스마트폰 하나로 송금할 수 있는 세상, 괜찮은 걸까?

친구들이랑 밥을 먹고 N분의 1로 결제하기가 편해졌어요. 이렇게 간편결제나 송금을 할 수 있는 세상이라니 신기하긴 한데, 가끔은 돈을 함부로 쓸까 봐 걱정도 돼요. 쉽게 쓸 수 있다고 해도 절제하며 아껴 쓰고 싶은데 어떻게 해야 그럴 수 있을까요?

요즘에는 정말 간편하게 결제하거나 송금할 수 있어. 예전에는 돈을 보내려면 꼭 은행 창구에 직접 방문해야 했지만, 지금은 스마트폰 앱만 있으면 몇 번 터치로 손쉽게 송금이 가능해졌지. 이런 걸 '핀테크'라 불러.

핀테크FinTech**는 금융**Finance**과 기술**Technology**의 합성어로, 금융 과정에 IT 기술이 더해져 송금, 결제, 투자, 자산관리 등 다양한 금융 서비스가 훨씬 빠르고 편리해진 걸 말해.** 예를 들어, 카카오페이, 토스, 네이버페이, 삼성페이, 애플페이 등으로 스마트폰에서 결제를 하거나 송금을 하는 일이 모두 핀테크에 해당해. 이런 간편결제 앱에 카드를 등록해 두면 비밀번호, 지문, 얼굴 인식 등으로 순식간에 결제를 할 수 있지.

뭔가를 친구와 함께 살 때도 엄청 간편해졌어. 예전처럼 계좌번호를 어렵게 물어볼 필요 없이, 친구의 휴대폰 번호나 카톡 아이디만 알면 바로 송금이 되니, 정말 신기하지? 또, 학용품이나 커피 값을 친구 대신 결제하고 바로 네이버페이 포인트로 돌려받기도 해.

요즘에는 결제나 송금뿐 아니라, 앱으로 주식투자를 하거나 자동차 보험에도 들 수 있고, 자동으로 가계부를 써주는 기술까지 나왔어. 최근엔 AI가 소비 습관을 분석해 합리적인 소비 방법을 추천하거나, 앞으로 얼마를 어떻게 모으면 좋을지 '재무설계'까지 해주기도 해. 예전에는 반드시 은행에 줄을 서서 통장 거래나 송금 신청을 해야 가능했던 서비스들이, 이젠 앱 하나로 전부 가능해진 거야.

편리함을 안전하게 누리기 위해 무엇이 필요할까?

하지만 이렇게 편리해질수록 조심해야 할 점도 많아졌어. 해킹이나 개인정보 유출 위협이 커졌기 때문에, 꼭 신뢰할 수 있는 공식 앱만 설치하고, PIN 번호나 비밀번호는 절대로 남에게 알리면 안 돼. 그리고 간편결제가 너무 쉬워서 필요하지 않은 물건도 충동적으로 사는 경우가 많으니까 유의해야 해. 똑똑하게 금융 앱을 사용하려면 꼭 한 번 더 생각해 보고, 사용 내역도

틈틈이 확인하는 습관을 들이면 좋아.

　결론적으로, 핀테크 덕분에 우리는 생활 속에서 훨씬 편하게 송금·결제·자산관리를 할 수 있게 됐고, 똑똑하게 쓰면 시간과 비용도 많이 절약할 수 있지. 하지만 보안과 소비 습관을 꼭 신경 써야 해. 제대로 배우고 조심해서 사용해야 안전하게 핀테크의 편리함을 누릴 수 있어.

돈, 어떻게 모으고 굴려야 할까?

1. 부자가 되려면 주식이나 코인을 해야 할까?

2. 주식이 도대체 뭘까?

3. 투기와 투자는 다른 걸까?

4. 주식보다 안전하다는 채권은 뭘까?

5. 주식보다 안전한 투자 방법은 없을까?

6. 왜 복리가 단리보다 좋을까?

7. 나중에 집을 꼭 사고 싶은데, 뭘 준비하면 될까?

부자가 되려면 주식이나 코인을 해야 할까?

경제 신문을 보면 운 좋은 사람들 이야기가 나와요. 주식 투자나 비트코인 투자로 돈을 벌어 벼락부자가 된 사람들 얘기 말이에요. 저도 나중에 부자가 되고 싶은데 주식이나 비트코인에 투자를 해야겠죠?

주식이나 코인으로 부를 이루었다는 사람들 얘기를 듣고 부자가 되고 싶다는 꿈이 생겼구나. 네 말대로 한순간 큰 수익을 내서 부자가 된 사람들 얘기가 많이 들리는 요즘, 그런 마음이 들 수 있어. 그런데 부자가 되는 걸 꿈꾸기 전에 먼저 투자의 의미가 뭔지 생각해 보는 게 좋아.

투자란, 돈을 불리기 위해 주식이나 부동산과 같은 자산에 돈을 넣는 것을 말해. 특히 주식 투자는 기업의 주식을 사서 그 기업이 잘되면 돈을 버는 방법이야. 그런데 주식은 수익성이 높을 수 있지만, 안정성이 낮아서 돈을 잃을 위험도 있어. 투자한 기업이 잘되면 돈을 벌지만, 망하거나 시장이 안 좋으면 원금마저 잃을 수 있거든. 그러니까 주식에 투자하려면 기업을 공부하고, 시장 상황을 알아야 해.

청소년은 직접 주식 투자를 하기는 어려워. 주식 계좌를 만들려면 19세 이상이거나 그 미만일 경우에는 부모님 동의가 필요하고, 투자할 돈과 지식이 필요하기 때문이야. 하지만 지금부

터 돈 관리 습관을 잘 들이면, 나중에 현명한 투자자가 될 수 있

을 거야.

돈을 똑똑하게 관리하고 투자를 잘하려면 수익성, 안전성,
유동성이라는 세 가지를 생각해야 해.

첫째, 수익성은 투자로 얼마나 돈을 벌 수 있는지를 나타내.
수익성이 높은 투자를 하면 짧은 시간에 큰돈을 벌 가능성이 있
지만, 그만큼 위험도 커. 주식이나 가상화폐처럼 가격이 많이
오르내리는 상품은 수익성이 매우 높을 수 있지만, 돈을 전부
잃을 위험도 크지. 반대로, 은행 적금은 안정적이지만 큰돈을
벌기는 어려워.

둘째, 안정성은 투자한 돈이 얼마나 안전한지를 말해. 안정
성이 높은 투자는 수익이 적더라도 돈을 잃을 걱정이 적다는 점
이 장점이야. 수익성과 안정성은 보통 반대로 움직여서, 수익성
이 높으면 안정성이 낮고, 안정성이 높으면 수익성이 낮은 경우

가 많아.

그리고 유동성이란, 필요할 때 돈을 얼마나 빨리 현금으로 바꿀 수 있는지를 뜻해. 주식은 팔면 며칠 안에 현금으로 바꿀 수 있지만, 부동산은 집을 팔 사람을 찾고 계약까지 시간이 오래 걸려. 아마 현금을 그냥 서랍이나 장롱 속에 보관하면 원할 때 언제든 쓸 수 있으니 유동성이 가장 높을 거야. 하지만 수익은 전혀 없기 때문에, 특히 물가가 올라갈 때 현금만 쥐고 있으면 수익은커녕 실질적으로 손해까지 볼 수 있어.

이 세 가지 기준으로 금융상품을 비교해 보면, 예금이나 적금은 비교적 안정성이 높고, 수익성은 주식이나 가상화폐가 가장 높을 수 있어. 그다음으로 회사채, 국공채 같은 채권이 수익성이 높고, 은행 예금과 적금은 수익성이 가장 떨어져.

아마 지금쯤 눈치챘겠지만, 금융상품의 모든 장점을 한꺼번에 누릴 수는 없어. 가령 수익성이 높은 주식 투자를 선택하면 안전성에 대한 기대는 조금 내려놓는 게 좋아. 반대로 수익성에 대한 기대를 조금 내려놓고 안전성을 택하고 싶다면 은행 예금 상품에 가입하는 게 적절해. 투자할 때는 수익성과 유동성, 안정성 중 무엇에 중점을 둘지를 생각해야 해. 그리고 자금을 여러 상품에 나누어서 위험을 분산하는 전략도 필요하지.

청소년은 주식이나 부동산 투자를 직접 하기 어렵지만, 용돈을 관리하면서 투자 감각을 키울 수 있어. 또한 모의투자나 저축을 하면서 투자 감각을 기르는 시도도 해볼 수 있지. 모의투자는 가짜 돈으로 주식 투자를 시뮬레이션하는 거야. 모의주식 앱을 통해서나 학교 경제 수업에서 주식 투자를 연습해 보면, 실제 돈을 쓰지 않고도 수익성과 안정성에 대해 배울 수 있어. 또, 은행 적금에 용돈을 넣으면 안정적으로 이자를 받으며 돈 관리 습관을 기를 수 있지. 이런 연습은 나중에 진짜 투자를 할 때 큰 도움이 돼. 그러니까 지금부터 용돈을 계획적으로 쓰고, 모의투자나 저축으로 투자 감각을 키워 봐.

주식이
도대체 뭘까?

어른들은 주식을 정말 많이 하더라고요. 주식 투자를 해서 큰 이득을 본 사람도 있고, 반대로 손해를 너무 많이 봐서 좌절한 분 이야기도 많이 들었어요. 주식이라는 단어는 많이 들었지만, 그 개념이 명확하게 잡히지는 않아요. 주식이 대체 뭔가요? 어떤 방식으로 거래하는 건가요?

주가에 대한 소식이 매일 뉴스에 나오고, 주식 가격이 어른들 사이에서 중요한 얘깃거리가 되기도 하지?

주식 투자를 한다는 건 그 회사의 작은 주인이 되는 것과 같아. 주식이란 작은 단위로 나눈 '회사의 소유권'이라고 할 수 있어. 마치 큰 피자를 여러 조각으로 나누어 여러 명이 나눠 먹듯이, 회사의 소유권도 여러 명이 나눠 가지는 거야. **회사의 주식을 가지고 있는 사람을 '주주'라고 하는데, 회사가 돈을 잘 벌면 주식 가치가 올라가고, 주주는 여러 가지 이익을 얻을 수 있어.** 대표적으로 얻을 수 있는 이익이 배당금과 시세차익이야.

배당금이란, 회사가 1년 동안 번 돈(이익) 중에서 주주들에게 나누어 주는 돈을 말해. 하지만 모든 회사가 배당금을 주는 건 아니고, 회사가 충분한 이익을 내야 배당금을 주주에게 나눠 줄 수 있어. 기본적으로 가지고 있는 주식 수에 비례해서 배당금을 받지.

예를 들어 네가 삼성전자 주식 열 주를 가지고 있다면, 삼성전자가 1년 동안 큰 이익을 내서 주주들에게 주식 한 주당 1,000원의 배당금을 준다고 했을 때, 너는 1만 원(1,000원×10주)의 배당금을 받을 수 있어.

두 번째 이익인 시세차익은 주식을 샀을 때보다 팔 때 가격이 올라서 생기는 이익을 말하지. 예를 들어 네가 1만 원에 산 주식이 2만 원으로 올라서 팔면, 1만 원의 이익을 얻는 거야.

좀 더 구체적인 예를 들어볼까? 네가 좋아하는 게임회사 넥슨의 주식을 5만 원에 샀다고 해보자. 그런데 넥슨에서 새로운 인기 게임이 대박이 나면서 주가가 7만 원으로 올랐어. 이때 주식을 팔면 2만 원(7만 원 - 5만 원)의 시세차익을 얻는 거야. 하지만 반대로 게임이 인기가 없어서 주가가 3만 원으로 떨어졌고 이때 주식을 판다면, 2만 원의 손실을 보게 되지.

물론 모든 기업의 주식이 주식시장에서 거래되지는 않아. 주식시장에 등록된 회사만 주식을 판매할 수 있어. 우리나라에는 대표적인 주식시장이 두 개 있단다. 한국거래소가 운영하는 코스피와 코스닥이라는 시장이야. 코스피는 주로 삼성전자, LG전자처럼 이름을 들으면 아는 대기업의 주식이 거래되는 곳이야. 등록 조건이 엄격하고 까다롭기 때문에 안정성도 높고 규모도 큰 편이지. 코스닥은 중소기업이나 벤처기업처럼 성장 가능성이 높은 기업의 주식이 주로 거래되는 시장인데, 코스피보다 주가 변동이 클 수 있어.

주식이나 채권 같은 증권 거래를 중개하는 증권사라는 곳이 있어. 온라인 쇼핑몰이 판매자와 구매자를 연결해 주듯이, 증권사는 주식을 팔려는 기업과 사려는 투자자들을 연결해 줘.

주식을 사고팔려면 증권사에 주식계좌를 만들어야 해. 물론 미성년자도 계좌를 만들 수 있긴 하지만, 만 19세 미만은 혼자서는 계좌를 개설할 수 없어. 반드시 부모 등 법정대리인의 동의가 있어야 하고, 가족관계 증명서, 보호자의 신분증, 인감도장 같은 준비물이 필요하지. 부모님이 모바일로 서류를 제출하면 온라인으로도 계좌 개설을 할 수 있어.

증권사에서는 더 많은 거래를 위해, 그리고 투자자의 선택을 돕기 위해 기업에 다한 보고서(리포트)를 발행하기도 해. 앞으로 주식시장이 어떻게 변할지, 각 기업의 주식에 대한 매도나 매수 의견을 보고서로 작성해서 투자자들에게 제공하는 거지. 그렇지만 리포트를 작성하는 증권사와 기업이 서로 좋은 관계를 유지하려고 하기 때문에 실제보다 긍정적인 평가를 내릴 가능성이 있어. 그래서 리포트를 참고해서 주식을 살 때는 무조건 그 내용을 믿기보다는 다양한 정보를 분석해서 종합적으로 살펴보는 게 좋아.

그리고 주식 투자를 하면 무조건 부자가 될 거라는 막연한 믿음을 갖기보다는 경제 전체의 흐름을 스스로 볼 수 있는 안목을 기르는 게 좋아. 기업의 가치를 객관적으로 살펴볼 수 있을 만큼 판단력을 기르는 게 중요하겠지? 지금부터라도 평소에 관심 있는 기업의 뉴스를 꾸준히 읽어 보고, 그 회사가 어떤 제품을 만드는지, 경쟁사는 어떤 활동을 하는지 찾아보는 습관을 기르면 좋을 거야. 또한 계획을 세워서 용돈을 쓰는 연습을 하면, 나중에 실제 투자를 할 때도 감정에 휩쓸리지 않고 현명한 판단을 할 수 있을 거야.

투기와 투자는
다른 걸까?

TV에서 "주식 투자는 신중하게 해야 한다."라는 말을 들었어요. 그리고 부모님이 목돈을 주식에 한꺼번에 넣겠다는 삼촌에게 "그건 투자가 아니라 투기야! 도박이나 마찬가지라고."라고 큰 소리로 말하는 것도 들었고요. 투자도 투기도 위험하긴 마찬가지인 것 같은데 투기를 더 나쁘게 말하는 것 같더라고요. 둘은 어떻게 다른가요?

너는 시험공부를 할 때 어떤 스타일이니? 미리미리 계획을 세워서 꾸준히 공부하는 스타일? 아니면 친구가 어디선가 구해 온 족보만 벼락치기로 공부하는 스타일?

생각해 보면 두 방법 모두 '좋은 점수를 받겠다.'는 같은 목표를 이루기 위한 거야. 하지만 과정은 완전히 다르지. 계획적으로 공부하는 친구는 교과서를 차근차근 읽고, 문제집도 풀어 보고, 모르는 부분은 선생님께 질문도 해. 시간이 오래 걸리지만 확실하게 실력이 늘고, 다음 시험에서도 좋은 결과를 기대할 수 있어. 반면 족보에만 의존하는 친구는 운이 좋으면 그 시험에서는 점수를 잘 받을 수도 있지만, 족보와 다른 문제가 나오면 시험을 망칠 거고 실력도 늘지 않아.

투자投資와 투기投機도 이와 비슷해. 이 두 단어는 겉보기에는 비슷하지만 중요한 차이가 있어. 투자를 하기 위해서는 충분한 정보 수집과 분석, 그리고 장기적인 계획이 필요해. 예를 들어 주식 투자를 할 때는 내가 투자할 기업이 실제로 얼마나 가치가 있는지, 앞으로 얼마나 성장할 수 있는지를 공부하고 분석하는 과정을 거치는 거야. 마치 시험공부를 할 때 교과서를 차근차근 읽고 이해하는 것처럼 말이야.

그에 비해서 투기는 충분한 분석 없이 단순히 가격이 오를 것 같다는 기대나 분위기를 따라 결정하는 경우가 많아. 사람들의 막연한 기대감으로 실제 가치와 상관없이 가격만 거품처럼 부풀어 올랐다가 꺼져 버리는 경우가 있지. 이건 족보에만 의존해서 벼락치기 공부를 하는 것과 비슷해. 운이 좋으면 한 번은 성공할 수도 있지만, 계속 그런 식으로 하면 위험하거든.

실제로 1990년대 후반부터 2000년대 초반까지, 인터넷이 처음 대중화되던 시기에 이런 일이 일어났어. "인터넷 기업은 무조건 대박!"이라고 생각하면서 회사 이름에 '.com'만 들어가면 '묻지 마' 투자를 하는 사람이 많았거든. 그래서 실제 수익이나 사업 모델은 상관없이 주가만 계속 올랐어. 하지만 2000년경 거품이 터지면서 많은 닷컴 기업이 망했고, 막연한 기대만으로 투자한 사람들은 큰 손실을 봤지. 기업의 실제 가치를 충분히 공부하지 않고 '무조건 돈을 벌 수 있다.'는 생각으로 자금을 쏟아부으면 이렇게 문제가 생기기 쉬워.

투자의 경우에는 배당이나 이자, 임대료(부동산 투자의 경우)
처럼 자산 자체에서 나오는 수익도 고려하고 장기 계획을 세워
서 하는 경우가 많지만, 투기는 시세차익만 보고 단기로 덤비는
경우가 많아. 위험을 줄이려고 노력하기보다는 위험을 감수하
고 한 번에 큰 이익을 노리는 경향도 크지. 그러니 다른 사람의
권유만 듣고 한 기업의 주식을 몽땅 사는 경우는 투기에 가까워.

투자를 할 때는 어떻게 해야 할까?

'계란을 한 바구니에 담지 말라.'는 격언 들어 봤지? 이건 용
돈을 관리할 때도 적용되는 말이야. 용돈을 게임 아이템 구매에
전부 쓰면 갑자기 다른 필요한 게 생겼을 때 곤란하잖아. 그래서
일부는 저축하고, 일부는 책이나 문구류에 쓰고, 일부는 간식비
로 나누어 써야 하지. 투자도 마찬가지야. 한 곳에 모두 넣기보
다 여러 곳에 나누어서 하는 게 좋아. 한 곳에서 손해를 봐도 다
른 곳에서 이익이 나면 전체적으로는 큰 타격을 받지 않을 수 있
거든.

　　그리고 **투자는 여윳돈으로 시작하는 게 좋아.** 너도 급하게 써야 할 돈으로는 위험한 일을 하지 않잖아? 마찬가지로 당장 필요하지 않은 돈으로만 투자를 해야 마음 편하게 장기적으로 생각할 수 있고, 단기적인 상승과 하락에 일희일비하거나 실수하는 일이 줄어들거든. 투자할 때도 시험공부를 할 때처럼 미리미리 계획을 세우고 꾸준히 하는 태도가 가장 중요하다는 걸 기억해 둬.

주식보다 안전하다는 채권은 뭘까?

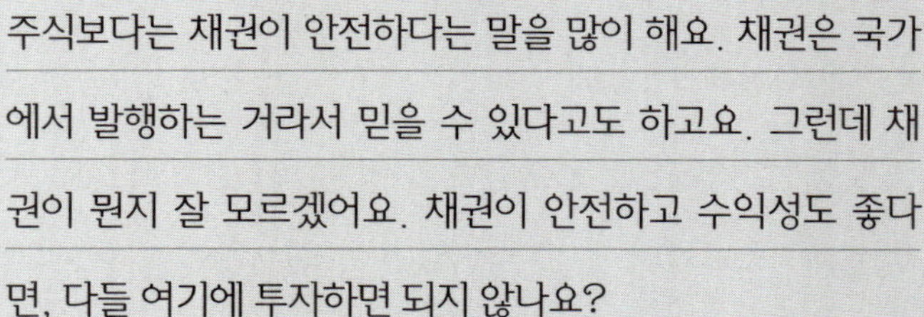

주식보다는 채권이 안전하다는 말을 많이 해요. 채권은 국가에서 발행하는 거라서 믿을 수 있다고도 하고요. 그런데 채권이 뭔지 잘 모르겠어요. 채권이 안전하고 수익성도 좋다면, 다들 여기에 투자하면 되지 않나요?

네 말이 맞아. 채권이 주식보다 안전하다는 말을 많이 하지. 그런데 정말 채권이 그렇게 좋다면 왜 모든 사람이 채권에 투자하지 않을까? 먼저 채권이 뭔지부터 알아볼까?

국가나 지방자치단체도 학교나 도로를 짓거나 큰 프로젝트를 진행할 때 자금이 부족할 수 있어. 물론 세금을 걷기는 하지만 그것만으로 부족할 때가 있지. 그래서 국가도 기업이나 개인에게 돈을 빌리기도 해.

이렇게 국가에 돈을 빌려주면 국가에서는 '국공채'라는 문서를 발행해 줘. 국가에서 발행한 '채권'이라는 뜻인데, 이때 채권이란 '내가 너에게 돈을 빌렸으니 언제까지 얼마의 이자와 함께 갚겠다.'는 약속을 적은 증서를 말해. 채권을 발행한 기관이 정해진 때가 되면 원금을 돌려주고, 그 기간에는 약속된 이자를 투자자에게 지급하겠다고 보장하는 문서인 거지. 우리나라 정부는 국공채는 1년, 3년, 5년부터 50년 단위까지 상환 기간을 두고 발행하고 있어. 이 채권도 주식과 마찬가지로 증권시장에서 자유롭게 사고팔 수 있어.

국가뿐 아니라 회사에서도 필요에 따라 채권을 발행하는데, 이걸 회사채라고 해. 예를 들어, 과거 미국의 유명한 투자자 워런 버핏이 경영하는 버크셔 해서웨이도 채권을 발행한 적이 있어. 왜 주식을 더 발행하지 않고 채권을 발행했을까? 주식을 발행하면 새로운 주주들에게 회사의 소유권 일부를 나눠 줘야 하고, 경영권도 영향을 받을 수 있어. 하지만 채권은 단순히 돈을 빌리는 것이라서 경영권을 건드리지 않고도 필요한 자금을 조달할 수 있거든.

또한 코카콜라 같은 대기업들도 새로운 공장을 짓거나 해외 사업을 확장할 때 필요한 자금을 마련하기 위해 회사채를 발행하곤 해. 그럴 때는 수천억 원의 큰 자금이 필요한데, 은행 대출보다 채권 발행이 더 유리할 수 있어. 채권은 보통 은행 대출보다 이자율이 낮고, 상환 기간도 더 길게 설정할 수 있거든.

회사채와 주식을 착각하기 쉬운데 둘은 엄연히 달라. **주식에 투자한 주주는 회사의 소유권 일부를 갖지만, 채권의 경우 채권자는 돈을 빌려준 사람을 뜻할 뿐이야.** 이자와 원금을 받기는 하지만 회사의 소유권이나 회사 경영에 대한 의결권을 갖지는 않지.

채권은 만기일까지 보유하고 있지 않아도 거래되는 시장에서 언제든 자유롭게 사고팔 수 있어. 이런 면에서 현금화하기 쉽다고 볼 수 있어. 또한 채권은 정기적으로 이자를 받을 수 있는 데다가 그 가격도 변하기 때문에 주식처럼 시세차익을 얻을 수 있어. 그래서 투자의 한 방법이라고 하는 거지.

하지만 채권에 투자하려면 채권 가격과 금리의 관계를 알아둘 필요가 있어. **시장 금리가 오르면 채권 가격이 떨어지고 금리가 떨어지면 채권 가격이 올라가는 반비례 관계가 있거든.** 쉽게 설명해 볼게. 시장에서 5% 금리를 주는 채권을 네가 이미 가지고 있다고 생각해 봐. 그런데 시장 금리가 7%로 올라가면 앞으로 새로 발행될 채권은 7%의 이자를 보장하겠지? 그러면 네가 가지고 있던 채권의 5% 이자율은 매력이 떨어지잖아. 그래서 네가 이 시점에서 5% 채권을 팔려면 가격을 낮춰야 팔릴 가능성이 커. 이것이 채권 투자의 위험 요소 중 하나야.

그럼 이제 네 질문에 답해 보자. 채권이 안전하고 수익성도 있다면 왜 모든 사람이 채권에만 투자하지 않을까? 채권 역시 시세차익이 있긴 하지만 주식보다 변동성이 낮고, 수익률도 상대적으로 낮아. 대신 안정성은 더 높지. 특히 국공채의 경우에는 국가나 정부기관이 망하지 않는 이상 만기일에 약속된 돈을 확실히 받을 수 있어서 안정적인 투자 수단이라고 볼 수 있어. 하지만 그만큼 큰 수익을 기대하기는 어려워. 안전한 대신 수익률이 제한적인 거지. 반면 주식은 위험하지만 큰 수익을 낼 가능성이 있지. 그래서 투자자들은 자신의 성향과 목표에 따라 주식과 채권을 적절히 섞어서 투자하는 경우가 많아. 안전성을 중요시하고 예측 가능한 수익을 원한다면 채권 투자가 매력적인 방법이라 할 수 있어.

주식보다
안전한 투자 방법은 없을까?

주식 투자에 대해 알면 알수록 너무 복잡하고 위험해 보여요. 어떤 주식을 사야 할지도 모르겠고, 돈을 잃을까 봐 걱정도 되고요. 그런데 투자는 해보고 싶어요. 주식 말고 초보자도 쉽게 할 수 있는 투자 방법이 있을까요?

주식 투자를 처음 접하면 충분히 복잡하고 어렵게 느껴질 수 있어. 그럴 때는 적은 돈으로 간접 투자를 해볼 수 있어. 펀드라는 말, 들어 봤지? **펀드는 여러 투자자로부터 자금을 모아서 자산 운용회사라는 곳에서 주식이나 채권, 부동산처럼 다양한 자산에 대신 투자해 주는 금융 상품이야.** 그리고 그 운용 결과를 투자자에게 돌려준단다. 이렇게 펀드에 투자하면 투자자가 직접 종목을 고르지 않아도 되고, 자연스럽게 다양한 자산에 분산 투자를 할 수 있어.

이때 투자 경험과 지식이 풍부한 전문가가 펀드를 운용하는데, 그들을 펀드 매니저라고 불러. 이 사람들은 앞으로 어떤 산업이 크게 발전할지, 어떤 지역에 투자하기 좋은지에 대해 보통 사람들보다 많은 지식과 정보를 가지고 있어. 이런 투자 전문가의 전문성을 활용하는 셈이니 펀드는 개인이 직접 투자하는 것보다 위험은 적고 수익성은 높을 가능성이 있어. 개별 종목을 일일이 분석하는 데 들어가는 시간을 아끼는 것도 장점이지.

어떤 펀드를
골라야 할까?

펀드 역시 돈을 어떤 방식으로 투자하는지, 투자 대상이 무엇인지에 따라 종류가 다양하게 나뉘어. 적금처럼 매달 일정한 금액을 계속 넣으면서 목돈을 모으는 적립식 펀드가 있고, 목돈을 한꺼번에 투자하는 거치식 펀드도 있어. 투자 대상에 따라서도 주식에 투자를 많이 하면 주식형 펀드, 채권에 투자하면 채권형 펀드, 부동산에 주로 투자하는 리츠 REITs 등 다양한 종류의 펀드가 있어서 선택의 폭이 넓어. 주식형의 경우에도 우리나라 주식에 투자하는지 다른 나라 주식에 투자하는지에 따라서 국내형과 해외형으로 나눌 수 있지.

펀드는 비교적 적은 돈으로도 다양한 자산에 나누어 투자할 수 있는 상품이라서 위험을 분산할 수 있다는 장점이 있어. 대부분의 펀드는 언제든 돈을 넣고 뺄 수 있고, 돈을 투자하는 방법도 다양해서 자신의 상황에 맞춰 선택할 수 있다는 것도 장점이야.

그렇지만 펀드도 마냥 안전한 상품이라고 할 수는 없어. 투자 전문가라고 해서 항상 미래를 정확히 예측하고 투자하는 건 아니니 펀드 역시 주식처럼 원금을 잃을 위험이 있고 손실이 발생할 수 있어. 그러니 펀드의 투자 방식이나 위험등급이 어떤지, 자산 운용회사에 내는 수수료가 어느 정도인지 미리 알고 투자하는 게 좋아.

자신에게 맞는 투자 기간과 위험 선호도를 고려해서 적합한 펀드를 선택하는 것도 중요해. 그리고 펀드의 경우 은행에 돈을 맡기는 것과 달리 펀드에서 보유한 주식이나 채권을 판 다음에 돈을 인출할 수 있으니까, 보통 2~3일 정도 기다려야 돈을 받을 수 있다는 점도 기억해 둬야 해.

참! 그리고 펀드에 투자하면 투자자가 맡긴 돈이 어떻게 운용되고 있는지, 지금까지 어떤 결과가 나왔는지 운용보고서라는 걸 투자자에게 보내 줘. 이런 운용보고서를 이해하는 게 어렵더라도 조금씩 살펴보면 경제와 투자에 대해서 차츰 배워 나갈 수 있어. 투자를 시작한다면, 꾸준한 노력과 시간을 투자해야 성과를 볼 수 있다는 것을 잊지 말아야 해.

왜 복리가
단리보다 좋을까?

저는 빨리 돈을 모으고 싶은데, 그냥 이자가 붙는 게 아니라 '복리'로 붙는 방식이 더 효과적이라는 말을 들었어요. 복리는 시간이 지나면 진짜 돈이 많이 불어나는 건가요? 단리랑 뭐가 어떻게 다른가요?

돈을 빠르게 많이 모으고 싶다는 마음은 누구에게나 생길 수 있지. 그런데 안타깝게도 '단숨에 부자 되는 마법' 같은 방식은 세상에 존재하지 않아. 그런데 시간이 흐르면서 돈이 '마법처럼' 불어나는 진짜 방법이 하나 있긴 해 그게 바로 네가 물어본 복리의 힘이야.

이자라고
다 똑같은 건 아니야

은행에 예금하거나 대출을 할 때는 '이자'가 붙어. 이자는 보통 단리와 복리, 두 가지 방식으로 계산되지.

단리는 원금에만 매번 같은 이자가 붙는 방식이야. 예를 들어 1,000만 원을 연 5% 단리로 3년간 맡기면, 해마다 50만 원씩 이자가 붙어 3년 뒤엔 총 150만 원의 이자를 받아.

반면 **복리는 이자가 원금에 붙을 뿐 아니라, 이미 받은 이자**

 똑같이 1,000만 원을 연 5% 복리로 3년간 맡기면, 첫해엔 이자가 50만 원이 붙어. 그런데 둘째 해엔 1,050만 원에 5% 이자가 붙어서 52만 5,000원, 셋째 해엔 1,102만 5,000원에 5% 이자가 붙어 이자가 더 많아져. 이렇게 하면 3년 뒤에 약 1,157만 6,000원을 받을 수 있어.

복리는 시간이 지날수록 이자에 또 이자가 붙으니, 단리보다 훨씬 더 빠르게 돈이 늘어난다는 특징이 있어. 마치 눈덩이처럼 돈이 불어난다고 해서 이런 걸 '눈덩이 효과'라고 불러.

복리의 마법을 간단하게 계산하는 법: 72의 법칙

돈이 복리로 얼마나 빨리 불어나는지 궁금하다면, '72의 법칙'을 사용해 봐. 72를 이자율로 나누면 돈이 두 배가 되는 데 걸리는 대략적인 연수를 알 수 있거든.

예를 들어 연 6%의 이자율이라면, 12년(72÷6)이 지나면 내 돈이 두 배가 돼. 만약 연 10%라면 7.2년(72÷10)이 걸리는 거고, 10년 안에 두 배로 불리려면 7.2%(72÷10) 이상의 수익률이 필요하단 뜻이야.

실제로 복리를 적용한 투자나 저축 상품이 많고, 시간을 오래 들일수록 효과가 크게 나타난단다. 그러니까 단리보다 복리를 활용한 저축이나 투자 상품을 잘 찾아보는 것이 좋겠지! 72의 법칙처럼 간편한 계산법을 머릿속에 넣어 두면, 나만의 재테크 계획을 세우는 데도 큰 도움이 돼.

나중에 집을 꼭 사고 싶은데, 뭘 준비하면 될까?

뉴스 기사를 보면 나중에 성인이 되어서 집을 살 수 있을지 모르겠어요. 요즘엔 집값이 너무 비싸잖아요. 그래도 일찍부터 차근차근 준비하면 내 집 마련도 꿈 같은 이야기는 아니겠지요? 집을 사려면 무엇을 준비하면 좋을까요?

벌써 집을 사고 싶다는 생각이 든다니 참 대견하네! 한 번에 멋진 집을 뚝딱 마련할 수는 없겠지만, 가장 기본이 되는 방법을 알려 줄게.

먼저, '주택 청약 종합 저축(청약통장)'이라는 제도를 알아야 해. 쉽게 말해 청약이란, '새로 지은 집을 사기 위해 미리 참가하는 신청서' 같은 거야. '분양'은 건설회사가 새 아파트나 오피스텔을 일정한 가격에 판매하는 것을 뜻하지. 이때, **청약통장은 이 분양에 참여할 수 있는 중요한 '참가 티켓' 역할을 해.** 이 통장은 누구나 시중은행에서 만들 수 있어.

분양하는 집들은 보통 주변 시세보다 조금 저렴해서, 내 집을 마련하려는 사람들에게는 좋은 기회가 될 수 있어. 그래서

대한민국 인구의 절반 정도는 이 통장을 가지고 있단다.

하지만 청약통장에 가입했다고 해서 무조건 새 집을 살 수 있는 건 아니야. 먼저, 통장에 일정 기간 동안 일정 금액 이상을 납입해야 해. 예를 들어 지금은 24회 이상 납입해야 청약할 수 있어. 그리고 살고 싶은 지역을 미리 정해 두고, 그곳에 새 아파트 분양 소식이 나오면 신청하는 게 중요해. 신청자가 많으면 가입 기간, 납입 금액, 현재 집 소유 여부, 부양 가족 수 등에 따라 점수를 매기고, 점수가 높은 순서대로 당첨자가 결정돼.

참고로, 청약통장은 청소년도 만들 수 있지만, 청약 신청은 만 19세 이상이어야 할 수 있어. 가입할 때는 최소 2만 원부터 넣을 수 있고, 매달 정기적으로 넣을 수도 있고 한꺼번에 넣을 수도 있어.

집을 마련하는 다른 방법으로는, 주택 구매 금액 중 부족한 돈을 은행에서 대출받는 방법이 있어. 물론 대출은 빌린 돈을

나중에 이자까지 갚아야 하기 때문에 무리하지 않고 계획을 잘 세우는 게 중요하지. 또한 청년이나 신혼부부를 위한 정부의 공공 지원 제도도 있는데, 예를 들어 저렴한 금리로 집을 살 수 있게 도와주는 디딤돌 대출이나 신혼부부 주택 구입 지원금 같은 다양한 혜택이 있단다. 그리고 당장 집을 사기 어려울 때는 공공 임대주택을 이용하는 것도 좋은 방법이야. 공공 임대주택은 비교적 저렴한 비용으로 집을 빌릴 수 있고, 일정 기간 살다가 나중에 소유권을 얻는 경우도 있어서 내 집 마련을 위한 한 방법으로 활용할 수 있어.

지금부터 내 집 마련을 위한 작은 준비를 하고 싶다면, 먼저 청약통장을 만들어 매달 용돈 일부를 차곡차곡 넣어 두는 걸 추천해. 청약통장은 19세 이전에도 만들 수 있거든. 어릴 때부터 청약통장에 돈을 넣어 두면 몇 년 뒤 본인이 원할 때 좋은 집에 청약 신청할 자격을 얻을 수 있어. 내 집 마련은 단번에 이뤄지는 일이 아니지만, 지금부터 조금씩 준비를 시작하면 언젠가 스스로 내 집을 마련할 기회를 충분히 만들 수 있을 거야. 현실적으로는 한 번에 큰돈을 마련하는 것보다 오랜 시간 꾸준히 준비하고 정보를 모으는 게 훨씬 더 중요하다는 걸 기억했으면 해.

용돈으로 해보는 초미니투자

용돈은 단순히 쓰고 끝내는 돈이 아니야. 잘 관리하면 '작은 돈으로 큰돈을 만드는 경험'을 배울 수 있어.
우선 그 전에 나의 소비성향을 먼저 체크해 볼까?

나의 소비 성향 테스트

아래의 질문(5문항)에 답하며, 자신에게 가장 가까운 선택지를 골라 보세요. A, B, C, D의 개수를 세면, 마지막에 결과를 볼 수 있습니다.

1. 용돈이 생기면 가장 먼저 하고 싶은 건?

    A: 가장 필요한 물건부터 구매하기

    B: 평소 갖고 싶었던 '위시리스트' 아이템 사기

    C: 세일하는 물건 품목 확인해서 구매하기

    D: 요즘 인기 있는 가수의 공연 구경이나 유행하는 옷 구매하기

2. 시험이 끝난 날, 나는 무엇을 선택할까?

A: 집에서 푹 쉬기

B: 맛집이나 카페에서 힐링

C: 할인 이벤트하는 곳 찾아가기

D: 놀이공원이나 콘서트 같은 특별한 외출

3. 휴대폰 케이스를 고를 때 무엇을 선택할까?

A: 내구성·기능이 좋은 제품

B: 색상·디자인이 마음에 드는 제품

C: 1+1 행사하는 제품

D: 최신 유행 디자인을 가진 제품

4. 친구가 새 신발을 자랑할 때 내 머릿속 생각은?

A: '얼마나 오래 신을 수 있을까?'

B: '예쁘다, 나도 갖고 싶다'

C: '혹시 어디서 싸게 샀는지 궁금하다.'

D: '이거 있으면 나도 주목받겠는데?'

5. 새 게임이 출시됐을 경우 어떻게 구매할까?

A: 리뷰와 평점을 충분히 보고 결정한다.

B: 그래픽·스토리가 매력적이면 바로 구매

C: 할인 시기까지 기다렸다 구매한다.

D: 출시 첫날 플레이하고 인증한다.

- A가 많다면 – "필요와 효용이 먼저!" 합리형 소비자
  비용 대비 편익을 꼼꼼히 따지고, 길게 가는 가치를 중시합니다.
- B가 많다면 – "마음이 끌리면 산다!" 감성형 소비자
  디자인이나 경험, 또는 감정을 우선합니다. 가심비를 중시하는
  스타일.
- C가 많다면 – "혜택과 할인은 놓칠 수 없지!" 절약형 소비자
  같은 물건이라면 더 저렴하게, 더 많은 혜택을 받는 게 중요한
  스타일
- D가 많다면 – "남들에게 주목받는 걸 원해!" 트렌드형 소비자
  최신 유행과 한정판 판매 상품에 끌리고, 유행에 민감한 소비자

자, 이제부터 용돈을 세 부분으로 나누어 보자. 필요 자금과 목적 자금, 성장 자금으로 나누어 쓰고 모으는 거지. 교통비나 학원 교재비처럼 생활비로 지출하는 돈은 필요 자금으로, 게임기나 노트북처럼 장기적으로 사고 싶은 것을 위해 모아두는 돈은 필요 자금으로, 그리고 남는 돈은 성장 자금(투자)으로 쪼개는 거야. 매달 받은 용돈을 다 쓰지 말고 20~30%는 저축하거나 투자에 써보는 게 좋아.

그렇다면 어디에 저축하고 투자하면 좋을까?

예금 종류는 사실 매우 다양해. 다음의 선택지가 가능한데, 내가 저축할 수 있는 돈, 목적에 따라 원하는 걸 선택하면 돼.

구분	정기적금	CMA	보통예금
금리 (은행·시기에 따라 달라짐)	3~6% 수준	1~3%	거의 0%대
만기 전 해지	이자 감소 혹은 패널티	자유롭게 인출 가능	원금 보장, 자유 인출
적합 유형	목표성, 꾸준히 저축	단기여유자금, 용돈관리	용돈, 생활비
특징	미션·이벤트 많음	증권사연계, 자산관리, 청소년은 주식 투자 기능 제한	체크카드와 연결 가능

또한 은행에서 청소년만을 위한 다양한 적금 및 예금 상품을 출시해 놓고 있어. 이런 상품을 활용한다면 더욱 좋겠지?

이제 용돈으로 작은 투자를 해볼까?

투자라고 하면 거창하게 생각할 수 있지만 무조건 큰돈이 필요한 건 아니야. 예를 들어, 쓰지 않는 물건을 당근 마켓 같은 곳에 중고로 팔아 수익을 남기는 것도 '단기 투자'야. 그리고 친구와 함께 스티커나 굿즈, 작은 팔찌 같은 물건을 제작하거나 판매해 보는 활동 역시 투자라고 할 수 있어. 이 방법은 짧은 시간에 결과를 확인할 수 있다는 장점이 있어. '장기 투자'는 시간으로 돈을 불리는 방법이야. 앞서 살펴봤듯 투자에는 다양한 방법이 있어. 성장 자금을 은행 적금처럼 안정적인 곳에 맡길 수도 있겠지. 이때는 이자율이 가장 좋은 걸 선택해야겠지?

이뿐만 아니라 즈식이나 펀드 투자도 가능해. 하지만 현금으로 투자하는 게 불안할 수도 있어. 이 경우에는 모의투자 앱으로 연습을 해본 다음 투자를 해보면 좋아. 어플리케이션 마켓에 가면 다양한 모의투자 앱이 있어. 토스 같은 재테크 앱에도 모의투자 게임이 있지. 이 앱을 활용하여 가상의 돈으로 주식 투자 연습을 해볼 수 있어. 1~2개월 동안 수익률과 실수를 기록해 두면 나중에 큰 도움이 돼.

청소년도 활용 가능한 모의투자 앱 비교

앱 이름	특징	장점	단점
토스 모의투자	초보자 친화적	쉬운 사용법, 진입장벽 낮음	분석 기능 제한
한국거래소 모의투자	실제 시장 데이터 기반	실전과 동일한 환경, 신뢰성 높음	인터페이스 다소 복잡
키움 영웅문 모의투자	다양한 차트·분석 기능	심화 투자 연습 가능	초보자에게 다소 어렵고 설치 복잡

실제 투자를 할 경우에는 청소년(미성년자)은 부모 동의가 있어야 증권 계좌를 만들 수 있어. 은행이나 증권사에 부모와 함께 방문해 '미성년자 주식 계좌'를 개설해야 주식이나 펀드 같은 금융상품에 투자할 수 있지. 하지만 더 높은 수익에 몰두하는 투자보다는 앞으로의 가치를 살펴보고 투자할 회사나 펀드를 고르는 안목을 길러야 해. 인공지능(AI), 친환경 에너지, 바이오헬스, 우주산업처럼 미래 산업을 이끌어갈 기술을 가지고 있는 회사인지, 가치 있는 사업에 투자하고 있는 기업인지 등을 살펴보는 게 중요해. 그래야 산업의 흐름

을 보는 눈을 기르고 투자의 기초 지식을 쌓을 수 있어.

도무지 모르겠다면, ETF 투자처럼 작은 돈으로 여러 기업에 동시에 투자하는 방법도 좋아. 예를 들어, '코스피200 ETF' 상품은 우리나라 대표 기업 200곳에 한 번에 투자할 수 있고, '미국 S&P500 ETF' 상품은 세계적인 기업 500곳에 분산 투자할 수 있어. 이런 분산 투자는 위험을 줄이는 데 도움이 되며, 산업 전반의 흐름을 이해하는 데에도 유익하지.

무엇보다 가장 중요한 성공적인 투자법은 '용돈을 기록하는 습관'이야. 용돈의 흐름을 매달 점검하고 저축이나 투자의 성공과 실패를 분석해 보는 게 좋아. 그래야 용돈이 단순한 소비가 아니라, 미래를 키우는 씨앗이 돼.

한 주의 용돈 흐름 기록 예시

날짜	내용	수입	지출	잔액	의견
8/1	지난 주 남은 돈	20,000		20,000	
8/1	이번 주 용돈	30,000		50,000	
8/2	버스비		1,500	48,500	
8/3	영화		11,000	37,500	즐거운 경험
8/4	학용품(펜)		2,500	35,000	꼭 필요한 소비
8/5	음료		3,500	31,500	더위가 문제
8/5	편의점 간식		3,000	28,500	불필요한 지출
8/7	교재비		13,500	15,000	필요한 소비

나만의 투자 노트

용돈으로 미니투자를 해본 경험을 기록으로 남길 때는 다음 기록 예시를 참조해 봐.

단기 투자 기록 카드

- 날짜 : 8월 18일
- 투자/시작 금액 : 0원
- 활동 내용 : 사이즈가 맞지 않아 못 입는 티셔츠 중고거래 앱에 판매
- 수익/손해 : -15,000원
- 배운 점 : 티셔츠 상태를 사진으로 잘 찍으니 금방 팔림
- 다음에 해볼 것 : 필요 없는 참고서나 악세서리 등 중고거래하기

장기 투자 기록 카드

- 날짜 : 8월 18일
- 투자방법 : KOSPI200 ETF 에 투자
- 투자 금액 : 20,000원
- 현재 금액 : 20,800원
- 변화율 : +4%
- 메모 : 매일 오르락내리락하지만 장기로 보면 오를 것 같다.

단기 투자 기록 카드

- 날짜 :

- 투자/시작 금액 :

- 활동 내용 :

- 수익/손해 :

- 배운 점 :

- 다음에 해볼 것 :

장기 투자 기록 카드

- 날짜 :

- 투자방법 :

- 투자 금액 :

- 현재 금액 :

- 변화율 :

- 메모 :

부자 되는 법이 궁금해? 책봇이 알려줄게!

초판 1쇄 인쇄 2025년 9월 26일
초판 1쇄 발행 2025년 10월 15일

지은이 태지원   **펴낸이** 김종길
펴낸 곳 글담출판사   **브랜드** 글담출판

기획편집 이경숙·김보라   **영업홍보** 김지수
디자인 손소정   **관리** 이현정

출판등록 1998년 12월 30일 제2013-000314호
주소 (04029) 서울시 마포구 월드컵로8길 41 (서교동 483-9)
전화 (02) 998-7030   **팩스** (02) 998-7924
블로그 blog.naver.ccm/geuldam4u   **이메일** to_geuldam@geuldam.com

ISBN   979-11-91309-92-8 (04320)
       979-11-91309-88-1 (세트)

책값은 뒤표지에 있습니다.
잘못된 책은 바꾸어 드립니다.

만든 사람들 ————————
책임편집 이경숙   **디자인** 손소정   **교정교열** 신혜진

글담출판에서는 참신한 발상, 따뜻한 시선을 가진 원고를 기다리고 있습니다.
원고는 글담출판 블로그와 이메일을 이용해 보내주세요.
여러분의 소중한 경험과 지식을 나누세요.